识干家

企業閱讀　學以致用

TTT培训师课程开发宝典

手把手教你设计
爆款课

张刘伟 著

中华工商联合出版社

图书在版编目（CIP）数据

TTT 培训师课程开发宝典：手把手教你设计爆款课 / 张刘伟著. — 北京：中华工商联合出版社，2022. 6

ISBN 978-7-5158-3448-1

Ⅰ. ①T… Ⅱ. ①张… Ⅲ. ①企业管理 - 职工培训 - 课程设计 Ⅳ. ①F272. 92

中国版本图书馆 CIP 数据核字（2022）第 094143 号

TTT 培训师课程开发宝典：手把手教你设计爆款课

作　　者： 张刘伟
出 品 人： 李　梁
责任编辑： 于建廷　效慧辉
装帧设计： 仙　境
责任审读： 傅德华
责任印制： 迈致红
出版发行： 中华工商联合出版社有限责任公司
印　　刷： 河北宝昌佳彩印刷有限公司
版　　次： 2022 年 8 月第 1 版
印　　次： 2022 年 8 月第 1 次印刷
开　　本： 710mm × 1000mm　1/16
字　　数： 227 千字
印　　张： 17. 5
书　　号： ISBN 978-7-5158-3448-1
定　　价： 79. 00 元

服务热线： 010 - 58301130 - 0（前台）
销售热线： 010 - 58301132（发行部）
010 - 58302977（网络部）
010 - 58302837（馆配部、新媒体部）
010 - 58302813（团购部）
地址邮编： 北京市西城区西环广场 A 座
19 - 20 层，100044
http：//www. chgslcbs. cn
投稿热线：010 - 58302907（总编室）
投稿邮箱：1621239583@ qq. com

导读

本书是一本培训师即学即用的课程设计开发指南，旨在解决企业培训师在设计开发课程的过程中出现的效率低、质量差、难度大等问题。

本书倡导的课程设计开发理念为：以学员为中心，以结果为导向，以友好为宗旨。基于此理念，本书介绍了两种课程设计开发方法：一种适用于良构知识的课程设计开发方法，即五四课程设计开发模型；另一种适用于劣构知识的课程设计开发方法，即案例式课程设计开发模型。

本书突出的特点是理念新颖、方法简单、案例实用。新颖在以学员为中心、以结果为导向和以友好为宗旨；简单在结构化、流程化、标准化；实用在有说明、有工具、有实例。

本书的核心优势在于帮助培训师降低了课程设计开发的门槛，提高了课程设计开发的效率，提升了课程设计开发的品质。

阅读本书最佳的方法是选择一门待设计、待开发的课程，按照书中介绍的理念和方法尝试应用。当书籍阅读完毕，课程设计开发也完毕。

本书介绍的课程设计开发方法在北京电力、四川国家电网、上海国家电网、湖南国家电网、湖北国家电网、国网新源、新奥集团、港华燃气、重庆燃气、昆仑燃气、中燃协培训委等企业广泛应用和检验，不但为各行各业培养了一批批专业的培训师，而且生成了一批批实用的课程。

笔者曾任职新奥集团新奥大学21年，长期致力学习发展体系建设，主要的成就是赋能予人。后来创办了河北易然行智能科技有限公司，致力数智为人，专注学习发展产品和服务的数智化，主要的成就是赋能予机。

自序

重塑教学体验的核心理念

培训师最幸福的事情，莫过于教与学的美妙体验。如何才能创造出教与学的美妙体验呢？实践表明，让教与学共舞，而非培训师独舞。培训师需要摒弃“填鸭式”的单向灌输模式，采用广受学员欢迎的双向交互模式。“三以”理念可以助力培训师创造美妙的教学体验。“三以”指的是**以学员为中心、以结果为导向、以友好为宗旨**。

接下来，介绍一下“三以”重塑教学体验的理念。

一是以学员为中心。在开展企业教学工作前，首先要思考的不是培训师要做什么、做到什么，而是强调为学而教，要以学员为中心，以学员的学习为中心，以学员的学习目标达成为中心，区别于以培训师为中心，以内容为中心的教学理念。一切教学内容和教学活动都要服务于学员的学习目标，时刻想着为学员做点什么，多做些什么可以让学员学习得更好，始终**倡导互教互学，聚焦学员学习，鼓励学员表达**。

倡导互教互学。不是培训师教得越多越好，而是学员学得越多越好；教学，不只是培训师教了才叫教学，学员教学或许学习得更快、更好。其实，学员能够教学员也是教学设计的重要组成部分，甚至是教学设计的全部。

培训师可以升维设计，降维实现。人们在接受信息时会通过不同的方式，知识的留存率会随着时间的推移而有所不同。比如学习金字塔给出的知识留存率数据是：听讲保留 5%，阅读保留 10%，听保留 20%，看保留 30%，听和看保留 50%，说保留 70%，说和做保留 90%。如此看来，培训师可以选择留存率高的升维策略，以实现预期的教学目标。培训师在设计教学发生的场景时可以将时间、地点、角色、任务、工具、驱动等要素包含进来，从而让学习自然发生。

聚焦学员学习。每一次教学均需要遵循的原则是：一切为了学员的学习，为了学员学习的一切。这么思考时，很多培训师便无须为自己能否讲好一门课而纠结，而应该将心思放在学员的学习任务上，以及学员学习结果的实现上。只有这样，才能真正聚焦学员的学习。衡量是否聚焦学员的学习，用一个指标即可，即在一次完整的教学过程中学员发生自我主动学习的时间是否超过培训师单向讲授的时间，如果是，至少说明是在聚焦学员学习。

鼓励学员表达。学员能够讲述的内容越多，说明学员能够理解的越多，自我转化的也越多。刻意安排广泛的表达是非常必要的，形式可以多样，如可以是声音、绘画、表演等。如果让学员替你讲课，你当个旁观者，也不失为一个好主意，前提是你为了学员的学习而不是偷懒——不做任何事，而是帮助学员主动学习提供帮助和支持，帮助更多的学员进行知识技能的转化。

二是以结果为导向。任何教学都有一个清晰的目标作为出发点。没有目标，也就没有教学的意义。当然，没有目标也就无法衡量教学的好与坏。因此，培训师需要将目标作为教学的出发点。确定教学目标的要素有对象、行为、条件和结果。

清晰的培训对象指的是教学服务于谁，对象越清晰、越精准，就意味着一开始选择了对的人。

清晰的行为指的是教学期待学员学习的行为是什么，行为越清晰，越易实施教学行为，让行为直接或间接发生是实现目标最有效的过程指标。

清晰的条件指的是学员的行为在什么条件下发生，是行为发生的前提。

清晰的结果指的是通过教学，最终解决什么问题。基于结果的达成，而检视教学对象、学员行为，以及行为的发生条件。

任何一次教学，我们都需要用一句话精准地描述教学目标：学员在什么条件下，应用什么方式做什么，以达到什么结果。目标像是我们写作时的中心思想，像我们出行时的目的地。

三是以友好为宗旨。友好型强调的是教学体验要愉悦，不仅教的体验好，学的体验也好。友好型的教学体验需要关注：**学员是否拥有积极的情绪体验，教学活动是否做到受多重感官的刺激，知识技能传递的策略是否丰富多彩，教学过程是否提供了积极参与的机会并倡导合作的文化，是否能够创造更多非正式的学习环境、营造学习氛围。**

积极的情绪体验。一个课堂区别另一个课堂，最终体现在学员学习情绪的表现上，是学习张力的部分，也是学习创造力的部分。真正决定培训师水平高低的是学员的学习情绪是否积极向上。如果营造积极的学习氛围，需要在学员决定参加学习时就开始，而不仅仅在课堂上，当然在课堂上做到积极的情绪体验也是必要的。

多重感官的刺激。每个人的学习偏好大相径庭，所以在教学内容的迁移过程中，如果仅仅是听，只能说明在感官动员上非常单一，并没有调动其他感官共同参与学习。听虽然容易，但让学员真正听进去并不容易，单向听，也无从判断听到多少。因此，在教学过程中，广泛调动各种感官和肢体参与学习是非常必要的。想一想，我们小时候是如何学会骑自行车的，长大了是如何学会开汽车的，都是听觉、视觉、触觉等感官的全方位调动，才让我们学习得足够快和足够好。

教学策略丰富多彩。不仅要有听、看，还要有说、做、赛等高效、高维迁移的教学策略，充分调动左右脑的参与度。全方位地促进教学内容的转化，教学策略就像网上购物后的物流一样，虽然物流不能改变我们购买的商品，但可以让购物体验变好。教学内容和教学策略要平衡好，都要为教学目标服务。

倡导积极参与和广泛合作。学员的学习积极性和活跃度能够直观地判断学员对学习过程的态度。学员参与有多深，领悟就有多深；

参与有多少，收获就有多少。因此，多创造学员积极参与和合作活动是提升教学效果和体验的必要举措。

非正式的学习环境。从学习体验的角度看，越自然的学习环境越有利于学习效果的达成。在教室里学习，可能就不如到工作现场的交流学习更快、更直接。

只有将“三以”理念应用于课程设计、开发与呈现，才能真正地重塑教学体验，取得教与学的高质量结果。

前言

好课源于设计

企业为了加速组织知识的高质量流动，通常会在企业内部构建一支专职、兼职培训师队伍，由这支培训师队伍设计、开发和呈现企业的培训课程。企业的专职、兼职培训师队伍多在业务上擅长，课程设计开发是弱项。很多企业在构建专职、兼职培训师队伍时，首先会开展一些基础的TTT培训，即便完成了TTT的学习，依然很难设计开发一门像样的课程。还有一些企业为了提高内部的课程设计开发质量，会采用以下方法：

一是请外部专业机构为企业内部的专职、兼职培训师传授课程设计开发方法，然后由专职、兼职培训师设计开发课程。

二是请外部专业机构与企业内部专职、兼职培训师队伍一起开展课程设计开发工作坊，由外部专业机构引导内部专职、兼职培训师队伍设计开发课程，生成课程设计开发成果。

三是委托外部专业机构开展设计开发项目，项目成果评审通过后，组织企业内部专职、兼职培训师队伍进行课程认证，以此来提升课程设计开发的质量。

四是认证版权课程，提升内部课程质量。

企业在设计开发课程时，需要评估内部培训师的业务能力和设计开发能力。如果业务能力和课程设计开发能力都很强，直接组织内部培训师设计开发课程即可；如果业务能力强，课程设计开发能力弱，可以请外部机构为内部培训师培训课程设计开发方法，然后由内部培训师设计开发课程，也可以请外部机构与内部培训师一起以开展课程设计开发工作坊的方式集中进行课程设计开发；如果业务能力弱，课程设计开发能力强，可以委托外部业务能力强的专家与内部培训师共同开发，也可以直接委托外部机构开发或认证成熟的版权课程；如果业务能力和课程设计开发能力都很弱，最好的办法是引进外部成熟的版权课程，认证内部培训师。

从有利于组织智慧的持续沉淀和传承视角看，企业内部培训师自主设计开发课程是长久之计，最好的条件是内部培训师业务能力、课程设计、开发和呈现能力都很强。如此看来，企业需要根据实际情况选择适合的课程设计开发策略，以实现最佳效果。理想的结果是，企业有业务专家，通过学习课程设计开发，生成一批企业需要的课程，满足企业内部教与学的需要。

优秀的企业培训师能够基于“以学员为中心，以结果为导向，以友好为宗旨”重塑教学体验理念；能够应用于结构化的课程设计开发方法，高效率、高质量、低门槛、低成本地生成企业内部培训课程。本书会介绍两种课程设计开发方法：一种是针对良构知识的五四课程设计开发模型；另一种是针对劣构知识的案例式课程设计开发模型。五四课程设计开发模型是一种围绕结构良好知识的设计开发课程的方法，该模型分为五个步骤，每个步骤由四个要素组成，每个要素均有具体的应用方法，按照此模型应用即可生成将要呈现的课程。为了便于记忆和应用，将此课程设计开发的方法简称为“五四模型”。而案例式课程设计开发模型是围绕结构不良知识的设计开发课程的方法，该模型由案例编制、教学设计、资源开发、教学引导和敏捷迭代组成。

本书是笔者多年教学从业经验的总结，尤其是重塑教学体验的“三以”理念和两种课程设计开发模型，是一种拿来就用的课程设计开发方法。本书的撰写过程中，不但得到了家人李海霞、张念永、张念乐的支持，而且得到易然行智能科技团队、识干家团队及曾经的课程设计开发工作坊学员的帮助，没有大家的支持和帮助，就没有本书的出版发行，在此一并表示感谢。由于笔者的经验和能力有限，书中难免存在错误和不足之处，恳请广大读者批评指正。

目录

第一部分　五四模型：五个步骤开发精品课

第一部分

五四模型：五个步骤开发精品课

引言

在企业大学从事学习发展工作的这些年，一直期待有一种课程设计开发方法，能够帮助企业的专职、兼职培训师简单、快速、有效地设计开发出一门属于自己的精品课程，让课程设计开发过程简单、省时、省力，让教与学的过程变得轻松愉悦。因此，笔者提炼出五四课程设计开发模型（以下简称五四模型），在重塑教学体验上尽绵薄之力。

都说好的课程是设计出来的，问题是如何设计，而五四模型重要的使命是让每位培训师都能够快速地拥有一门好课程！让设计开发过程简单、快速、有效，让教学过程变得轻松愉悦，让学习自然而然地发生。

五四模型由五个步骤二十个要素组成。**五个步骤依次是：第一步，锁定教学目标；第二步，厘清教学内容；第三步，匹配教学活动；第四步，生成教学资源；第五步，迭代教学效果。**

第一步，锁定教学目标。明确课程设计开发的前提条件，是课程设计开发的终极问题，回答“目的地”的问题。教学目标主要锁定四部分内容，简称 4P（Part），分别为 P1 课程主题、P2 学习对象、P3 课程时间和 P4 学习目标。

第二步，厘清教学内容。支撑教学目标实现的元知识和技能，属于课程内容的范畴，回答“是什么”的问题。教学内容主要回答四个问题，简称 4Q（Question），分别为 Q1 应想内容、Q2 应知内容、Q3 应会内容和 Q4 应得内容。

第三步，匹配教学活动。传递知识、技能的策略，属于教学方法的范畴，回答“怎么样”的问题。通常完整的教学活动由四个步骤组成，简称 4S（Step），分别为 S1 建立联系、S2 互动讲解、S3 技能练习和 S4 学以致用。

第四步，生成教学资源。将教学内容及教学活动呈现出来，属于教学资源开发范畴，回答“有何物”的问题。教学资源主要有四个方面的组件，简称 4H（Have），分别为 H1 讲师手册、H2 学员手册、H3 演示文档和 H4 教辅材料。

第五步，迭代教学效果。将教学资源进行应用，属于教学实施的范畴，回答“效果呢”的问题。教学效果要实现 4 个方面均好，简称 4G（Good），分别为 G1 学员收获、G2 讲师呈现、G3 教学实施和 G4 教学材料。

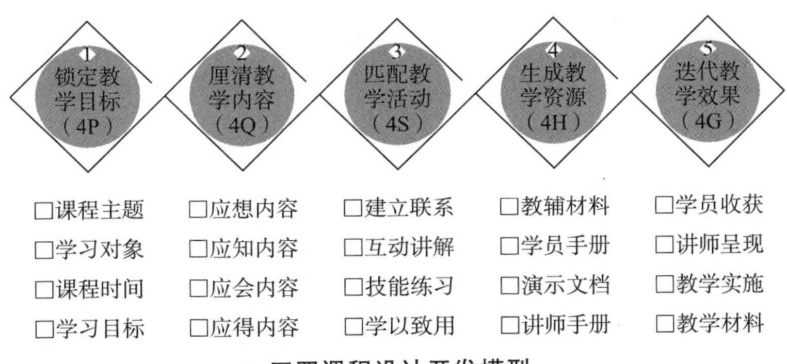

五四课程设计开发模型

上述内容便是五四模型的核心步骤和要素，在每个步骤的每个要素中均有相应的工具和方法，将在后续的章节详细阐述。学习五四模型最好的方法是提前准备一门要设计开发的课程，根据章节的顺序边学边做。当书读完时，课程也设计开发出来了。理想的阅读逻辑是从前向后逐章进行，如果读者在课程设计开发领域经验丰富，选择性阅读也是不错的选择。

第一章

锁定教学目标

第一节　教学目标的 4 项内容

对五四模型有了全面的认识后，接下来就是逐章阅读和实践。这一章探讨锁定教学目标。教学目标是明确课程设计开发的前提条件，是课程设计开发的终极问题，回答“目的地”的问题。教学目标主要有四个方面的内容，简称 4P（Part），分别为 P1 课程主题、P2 学习对象、P3 课程时间和 P4 学习目标。

想一想：当教学目标不清楚时，对课程设计开发有哪些影响？

有没有出现过无从下手、时常返工、内容分散、活动无力的情况？如果有，基本上是教学目标不清楚引发的。

目标确保课程设计开发的方向是正确的！

当我们确定要开发一门课程时，基本前提假设是确定要通过学习的方式解决问题，而且是要通过设计开发一门课程解决问题。要解决的问题可以是员工成长的问题，也可以是工作中的问题。

设计开发一门课程面临两种情况：一是有现成的知识和技能直接进行课程设计开发就好；二是没有现成的知识和技能可直接使用，需要进行经验萃取后方可进行课程设计开发。

如果是第一种情况，应用五四模型进行课程设计开发即可；如果是第二种情况，应用案例式课程设计开发即可。无论是哪种情形，均需要明确课程目标，要回答 4 个问题：课程主题是什么（P1 课程主题)、学员是谁(P2 学习对象)、可以利用的时间是多久(P3 课程时间)、预期的教学目标是什么(P4 学习目标)(见图 1–1)。

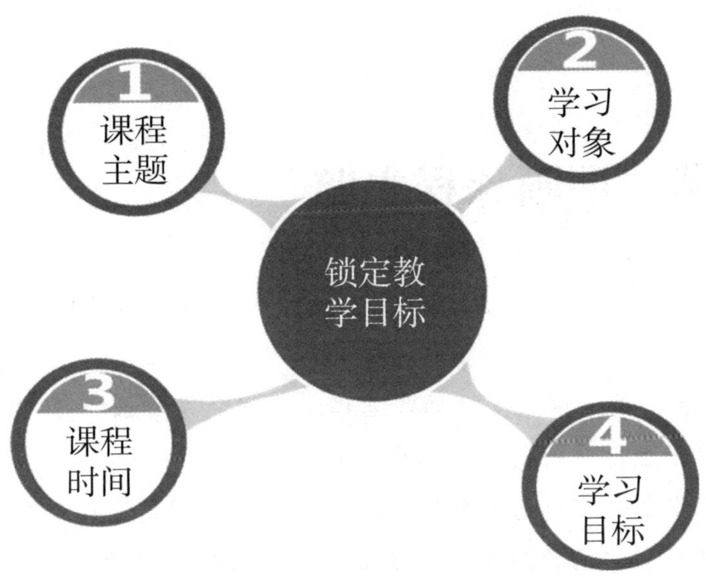

图 1–1　锁定教学目标

教学目标的 4P 从哪里获得呢?如果有课程体系规划，这些信息可以直接引用;如果没有课程体系规划，这些信息需要通过需求分析与调研，确定教学目标的 4P，从而统领课程内容、教学活动、教学资源和教学呈现等。

本节要点:锁定教学目标是为了聚焦，锁定的是课程主题、学习对象、学习目标和课程时间。

第二节 明晰课程主题

想一想：关于课程主题的命名描述错误的是什么？（　　）

A. 课程主题是一门课程的中心思想

B. 课程主题可以基于表达者视角和受众者视角进行命名

C. 从吸引力的角度看，基于受众者视角命名更受欢迎

D. 感性标题优于理性标题的命名方式

课程主题是一门课程核心思想的表达，不同视角的课程主题，产生的吸引力是不同的，既然课程服务的对象是学员，从受众者视角进行课程主题的命名是以学员为中心的体现。感性与理性标题无好坏和对错之分，关键是标题要有吸引力并打动人心。看到标题会停留片刻，会进行思考。所以，D 选项的描述没有那么准确。

课程主题是一门课程的灵魂，是中心思想。“没有人可以有第二次机会给人留下美好的第一印象。”这句话非常形象地表达了第一印象的价值和意义，而课程主题可以建立第一印象。课程主题起到“画龙点睛”的作用，学员通常看到课程主题就会产生学习兴趣和选择学习的动机。好的课程主题不仅可以精准定义课程内容，还可以吸引学员的注意力，激发学员的好奇心。

我们常常看到标题可以从表达者和受众者的角度进行设计，可

以采用的方法有理性标题、感性标题。理性标题结合内容定义；感性标题结合学员定义；行为导向标题关注的是行为改变；结果导向标题关注的是结果产出。

课程主题的命名可以从不同的视角开展，既可以基于课程内容本身，也可以基于学员行动的视角进行课程命名；既可以理性命名或感性命名，也可以综合命名。课程本身的命名是基于课程内容提炼出的标题，这类课程名称能够清晰地看到课程的核心内容是什么。学员视角的课程主题命名是基于目标受众的认知、行为和结果改变而设定的标题，当学员看到课程名称便产生要学习的动机和探究的兴趣。受众者视角的标题更容易产生共鸣。视角不同，产生的吸引力也会有所不同，有时酒香也怕巷子深，站在受众者视角设计出来的课程标题更有吸引力，更易吸引眼球或触发传播。

课程主题命名的优先级，受众者视角优先，表达者视角其次。以感性和理性相结合的方式进行课程主题命名是非常理想的表达方式，感性标题吸引眼球，理性标题解释内容。比如：受众导向且感性的标题——经典课程是这么设计出来的、让学习在工作环境中自然而然地发生、像企业家一样思考的商业智慧；表达者视角且理性的标题——五四课程设计开发模型、结构化在岗学习设计、企业经营八法则。在实际应用过程中，通常是感性标题和理性标题结合使用。

感性标题吸引人，理性标题打动人。吸引人，是因为看到标题感受到课程能够满足受众的工作需求，解决痛点和难点，或者能够满足受众的特别期待。人具有趋利避害的本能，基于此设计的标题会吸引人，并引起关注。打动人，是因为课程的用心、专业和价值，让受众者感受到有人懂他。受众者会因为感受到“懂我”而感动。因为你懂我，所以我选你。

课程主题传递的是课程的中心思想、核心观点，以及对内容的高度概括，属于结论性语言或引发结论性语言。比较实用的命名方法有模型量化法、价值突显法、形象比喻法和悬念法。无论用什么方法进行课程主题的命名，都要让受众者有兴趣、看得懂、想去学。

模型量化法：指的是一些由某种逻辑组成的课程内容。这种方法对于系统呈现一个概念非常有帮助，给人系统、完整的感觉。比如：高绩效教练的四步法——经典学习项目的五习模型、精品课程设计开发的五四模型、组织状态调适的五力模型、企业家思考的三件事。

价值突显法：十分钟学会酿制葡萄酒、六步远离写作恐惧、五步学会课程设计开发、三周写出一手漂亮的毛笔字。价值突显法重点体现在目的上，适合结果导向的课程命名，如技能类课程或行为类课程，看到课程名字就知晓预期的结果。

形象比喻法：鹰行动、战狼计划、猛象计划。通过形象的比喻让受众感受到内容的无限魅力。

悬念法：1+1>2、100−1 = 0？通过悬念法引起听众的兴趣，激发听众的好奇心。

练一练：请从受众者的视角进行课程主题命名（见表1−1）。

表1−1　从受众者的视角进行课程主题命名

内容视角	学员视角
理性标题	感性标题
举例：财务管理	如何“算”赢
运营管理	
设备管理	
人力资源管理	

用一用：请从学员的视角为自己将要设计开发的课程进行命名（见表 1–2）。

表 1–2　从学员的视角进行课程主题命名

内容视角	学员视角
理性标题	感性标题

本节要点：课程主题是课程的中心思想，也是课程的灵魂。课程主题的命名既可以基于内容本身命名，也可以基于受众对象的行为发生而命名；既可以起一个感性标题，也可以起一个理性标题，感性和理性组合式标题也不错。感性标题吸引人，它像人们的容貌；而理性标题打动人，它像人们的内涵。内外兼修更引人注目。

第三节　明确学习对象

想一想：课程是否需要区分学习对象？（　　）

A. 是

B. 否

理想答案是 A。课程只有区分学习对象，才会有针对性。因为有了学习需要，才有机会设计开发相应的学习内容。只有针对性的学习，才会对个人和组织更有价值。

企业设计开发课程有两种情况：一种是满足员工持续成长的需求；另一种是解决组织中的业务问题。无论是员工持续成长，还是企业业务问题的解决，最终都会找到明确的对象。正因为有了明确的学习对象，学习对象有学习需求，课程才有机会诞生和创造价值。所以，在课程设计开发前首先要清楚为谁设计课程，规模有多大。

受众对象越多、越重要，课程设计开发的必要性越大。受众对象定义越精准，课程越有实用价值。在分析受众对象时，包括但不限于职业、学历、年龄、工龄、性别、地域、行业等内容。比如：企业总经理，任职 5 年以上；部门主任，任职 1 年以内。

学习对象描述的两个基本要素是角色和人数。有些课程为了保证学习效果，对于人数是有要求的。比如：沙盘类课程通常都有人数要求；有一定专业难度的课程对于学员的学历和经验是有要求的，只有符合某些条件后，学习才会有更好的效果。

练一练：学习对象描述的基本要素是（　　）

A. 角色

B. 人数

C. 年龄

D. 学历

至少有 A、B 选项，到底需要多少信息，取决于设计开发的课程需要哪些信息支撑。当然，对学习对象了解得越清楚，越有利于精准地教学设计。

用一用：请结合自己将要设计开发的课程，描述学习对象及人数（见表 1-3）。

表 1-3　描述学习对象及人数

学习对象	
涉及人数	

第四节　确定课程时间

这里提到的课程时间指的是一门课程的总时长。课程时长确定的基本原则是学员达到学习目标最短的时长，基本要求是达到预期的学习目标。如果学习目标调整，时间也要随之调整，以取得最佳学习效果。课程时长受内容和学习方式的影响，内容多就会花更多的时间，而且占用时间的学习内容是必须知道的，需要通过教学活动理解和掌握的。

想一想：一节面授课程，学员带着理解能力倾听的最长时间不超过多少分钟？（　　）

A.120 分钟

B.90 分钟

C.60 分钟

理想答案是 90 分钟。在《重构学习体验》一书中，提到成人可以带着**理解的能力**去倾听的时间是 90 分钟，带着**吸收的能力**去倾听的时间是 20 分钟。所以，在进行课程设计时，每隔 20 分钟就要有一个明显的方式变化，或者节奏变化，这有利于学员对知识的吸收。

一个完整的课程呈现，有三个必不可少的时间段：开场、控场和收场。开场和收场时间的长短与课程的总体时间有关，总体课程时间长，开场和收场的时间就长，反之，时间短一些。控场的时间按照 90/20/8 的原则进行分配即可。

开场时间：2 小时课程控制在 5~10 分钟；4 小时课程控制在 10~30 分钟；1 天课程控制在 30~45 分钟；2 天课程控制在 60~90 分钟；3 天以上课程控制在 90 分钟。

收场时间：2 小时课程控制在 5 分钟；4 小时课程控制在 15 分钟；1 天课程控制在 15~30 分钟；2 天课程控制在 30 分钟；3 天以上课程控制在 60 分钟。

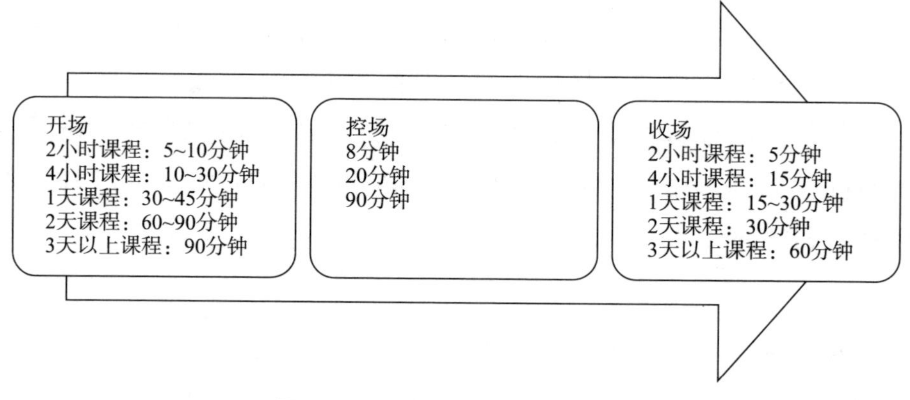

图 1-2　三个必不可少的时间段

在鲍勃·派克所著的《重构学习体验》中提到 90/20/8 原则：“没有任何一个模块的时长超过 90 分钟，每 20 分钟就要变换一下主题或者活动方式，每 8 分钟就要调动学员一次。”

既然学员带着理解力倾听的时间最多不超过 90 分钟，能够吸收的倾听时间只有 20 分钟，每 8 分钟要有学员参与的活动。我们便可以将学员必须知道的内容切分成若干个以 20 分钟为单位的“时间块”，以便学员带着吸收的能力掌握每个主题，并且在 20 分钟的时间块里每 8 分钟进行一次学员参与的活动。比如：请学员提出问题、回答问题、学员间相互交流、在学员手册上做记录、标注重点、观点分享等。这里强调的不是时间长短的问题，而是时间长短会影响学员的学习效果。

练一练：

练习题1：开发一门4小时的课程，开场时长多少为宜？（　）

A.10~30分钟

B.30~40分钟

练习题2：90/20/8原则分别代表的含义是什么？

90：________________________________

20：________________________________

8：________________________________

课程时长服务教学目标，受制于教学内容和教学活动。教学目标的要求越高，学员学习所需要的时间越长；教学内容越多，时间越长；教学活动越有效，时间越长。而开场时间也同样受学习目标、教学内容和教学活动的影响，学习目标、教学内容和教学活动越多，时间越长，反之，时间越短。

用一用：如果要设计开发一门8小时的课程，应该如何合理分配时间（见表1-4）？

表1-4　8小时课程的时间分配

阶段	时长
开场时间	
控场时间	
收场时间	

本节要点：成人可以带着理解力去倾听的时间是 90 分钟，带着吸收能力去倾听的时间是 20 分钟。90/20/8 原则指的是：任何一个模块的时长不超过 90 分钟，每 20 分钟就要变换一下主题或者活动方式，每 8 分钟就要调动学员参与一次。

第五节　聚焦学习目标

学习目标是培训师帮助学员经过一段学习旅程后要到达的目的地。学习内容和学习方式均要服务于学习目标。

想一想：下列学习目标哪个更值得倡导？（　　）

A. 掌握课程设计开发的方法

B. 理解课程设计开发的方法

C. 熟悉课程设计开发的方法

D. 学员结合自己的课题，应用五四课程设计开发模型，设计开发一个完整的课程包

显然 D 选项更值得倡导。原因在于目标描述更清晰，可以看出在目标描述中包括**角色、条件、方式（方法）、行为、结果**。角色即课程服务的对象，条件是在什么情况下发生，方式是采用的策略和方法，行为是实施什么动作，结果是任务结束后的产出是什么。标准的学习目标，即**学员在什么条件下，应用什么工具、方式、方法，实施什么行为，实现什么结果**（见图 1-3）。

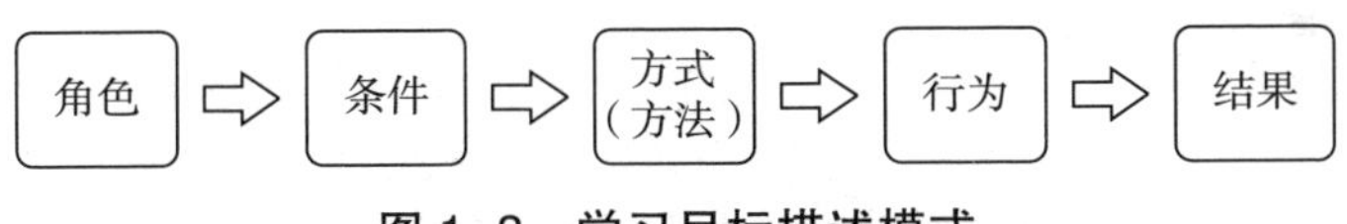

图 1-3 学习目标描述模式

培训师在进行课程设计时，需要确定学员的学习目标。在进行课程的学习目标描述时，包括角色、条件、方式（方法）、行为和结果。通常角色默认为学员，条件和方式可根据课程需求选择性应用，而行为和结果是课程设计必不可少的信息。一门课程最核心的或唯一的关注点就是学习目标，由此可见学习目标的重要性。学习目标像灯塔，引领着教学内容和教学活动的方向。比如：学员在与同事探讨工作时，应用沟通五步法进行讨论，并达成共识。

为什么用学习目标，而不是教学目标，原因在于我们要强调以学员为中心，尤其是以学员的学以致用为中心。学习的主人是学员，而不是培训师。学习目标设定的核心用意是一切要以学员的学以致用为中心。

在设定学习目标时，首先以学员的视角、学员行动的视角及学员达成某种结果的视角为出发点；其次，结合具体的业务场景应用、学习目标设定的结构进行描述，而不是站在学习内容本身的角度和培训师的角度进行学习目标的设定。在学习目标设定过程中始终将课程服务对象放在首位，基于此设定的学习目标能够保证在做正确的事，或者是在正确的方向上做事。

在描述学习目标时，做到精准并不是一件容易的事情，重点和难点是关于行为和结果的描述。如果没有接触过学习目标，培训师通常会使用熟悉、了解、掌握等词语，其实这样的描述不利于学习效果的衡量，反而会让学习目标更加模糊。行为采用动词加宾语结构或宾语加动词结构进行描述，结果采用定性或定量的方式进行描述更妥当。

根据课程内容涉及的层次，判断属于知识类、技能类、态度类还是过程体验类，根据不同的类别选择适合的行为动词来设定学习目标（见表 1–5）。

表 1–5　学习目标描述常用行为动词对照表

学习水平	常用行为动词
知识	1. 了解：说出、背诵、辨认、回忆、选出、举例、列举、复述、描述、识别等 2. 理解：解释、说明、阐明、比较、分类、归纳、概述、概括、判断、区别、提供、猜测、检索、收集、整理等 3. 应用：运用、使用、质疑、辩护、设计、解决、撰写、推广、证明、评价等
技能	1. 技能：模拟、重复、再现、例证、临摹、扩展、缩写等 2. 独立操作：完成、制定、解决、拟订、安装、绘制、测量、尝试、试验等 3. 迁移：联系、转换、灵活运用、举一反三、触类旁通等
过程与方法	经历、感受、参加、参与、尝试、寻找、讨论、交流、合作、分享、体验等
情感态度与价值观	1. 反应：遵守、拒绝、认同、接受、同意、反对、关注、采纳、支持、珍惜、怀疑、抵制、帮助等 2. 领悟：形成、养成、具有、热爱、树立、坚持、建立、保持、确立、追求等

练一练：请选择符合学习目标设定要素的描述（　　）

A. 熟悉绩效改进的流程

B. 掌握高绩效团队的原则

C. 了解企业家精神的重要性

D. 学员用一周的时间能够应用五笔输入法打字，实现每分钟打字 90 个

选项 D 符合学习目标设定的五个要素，角色是学员，条件是一周的时间，方法是五笔输入法，任务是打字，结果是每分钟打字 90 个。

彼得 · 德鲁克在《管理的实践》中提到目标设定应遵循 SMART 原则，其中 S 代表具体 (Specific)、M 代表可度量 (Measurable)、A

代表可实现(Attainable)、R 代表相关性(Relevant)、T 代表有时限(Time-bound)。这项原则同样适用于学习目标的设定。

用一用：请为自己要设计开发的课程设定学习目标（见表 1-6）。

表 1-6 设定学习目标

学习对象	条件	方式（方法）	行为	结果

用一句话描述所要设计课程的学习目标：学员在__________条件下，应用____________方式（方法），做___________，达到_______结果。

本节要点：学习目标是由角色、条件、方式（方法）、行为、结果五个要素组成。角色通常默认为学习对象，即学员，可以省略。如果用一句话描述学习目标：**学员在什么条件下，应用什么工具、什么方式、什么方法，实施什么行为，实现什么结果。**

本章总结：4P 锁定教学目标工具

回忆一下本章的知识和方法，会发现是由概念图、想一想、练一练、用一用和本节要点组成。概念图是全章的知识结构，想一想是为了引发我们对本节内容的思考，学一学是为了让我们学习新知识，练一练是为了验证我们学习新知识的程度，用一用是为了学以致用，而本节要点是对核心知识点的回顾。

当阅读到此时，我们已经完成了本章锁定教学目标中的课程主题、学习对象、课程时间和学习目标相关内容的学习，当我们将用一用的内容整理到 4P 锁定教学目标工具表时，会发现自己已经完成了对本章内容的学习，也生成了自己要设计开发课程的教学目标。同时为第二章的学习奠定了坚实的基础。

请将每一节的用一用填写到 4P 锁定教学目标工具表（见表 1-7），我们到达了第一个里程碑，给自己一个学习奖励吧！读累了吗？不累的话，让我们开启新的旅程吧！如果累了，歇歇再出发，笔者在第二章恭候您的到来。

表 1-7　4P 锁定教学目标工具表

P1 课程主题	
P2 学习对象	

续表

P3 课程时间	
P4 学习目标	

案例：锁定教学目标

锁定教学目标表（见表 1–8）。

表 1–8　锁定教学目标

项目	课题信息
主题	主标题：五步批量开发精品课 副标题：重塑教学体验
对象	业务专家、讲师、课程设计师等培训教育从业者
时长	32 学时
目标	学员能够应用重塑教学体验模型，在业务专家、讲师和引导师基于明确主题的条件下，分析、设计、开发、迭代教学设计，产出教学设计、讲师手册、学员手册、演示文档等教学资源，满足线下面授教学的需要

第二章
厘清教学内容

第一节　教学内容的4个问题

这一章学习的内容是厘清教学内容，是第一章内容的延续。当我们锁定了教学目标，接下来就是基于教学目标的实现梳理教学内容。

教学内容是支撑教学目标实现的元知识和技能，属于课程内容的范畴，回答"是什么"的问题。教学内容主要回答4个问题，简称4Q（Question），分别为Q1应想内容——学习目的、Q2应知内容——相关知识、Q3应会内容——工具方法和Q4应得内容——学习成果。

完成教学内容4个问题的回答，即形成了一个完整的知识结构，应想内容回答了为什么学习，应知内容回答了学习内容是什么，应会内容回答了技能有哪些，应得内容回答了学习之后的结果是什么。

这既可以是一个大的知识体系，也可以是一个大知识体系中的一部分。事实上，每一部分都可以回答"为什么，是什么，怎么样，结果呢"这样的问题。当我们基于教学目标将4个问题完整地回答出来便生成了教学内容。这些内容梳理完毕，便可以根据教学的需要进行选取使用（见图2–1）。

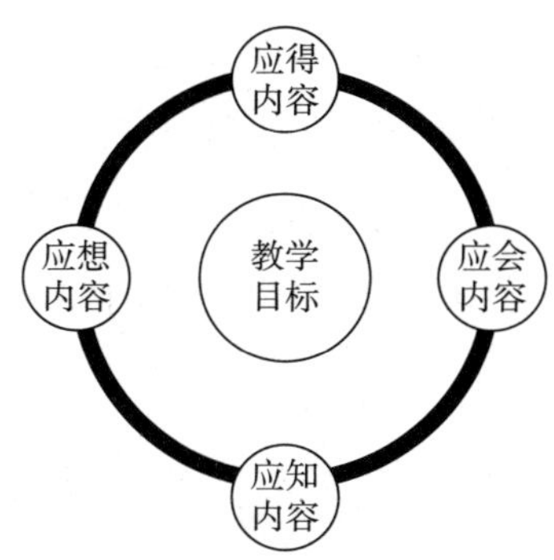

图 2-1　4Q 厘清教学内容

想一想：在实施教学内容开发时，是否需要区分哪些是学员必须知道的，哪些是学员知道会更好的，哪些是延伸阅读的知识呢？（　）

A. 是

B. 否

答案是 A。在厘清教学内容时，我们需要基于学习目标的实现将完整的知识构建出来，同时结合学员、时间区分出必须知道、知道会更好及延伸阅读内容。必须知道内容在课程上要讲解、要练习，而知道会更好的内容和延伸阅读的内容作为学员自主学习的内容就行了。

站在学员的视角，我们将教学内容分为三类：一是必须知道的知识和技能；二是知道会更好的知识和技能；三是延伸阅读的知识和技能。在教学内容选取时，我们将直接服务于学习目标实现的教学内容梳理出来，以便满足学员实现学习目标的需求。

在课程设计开发时，我们重点关注必须知道的知识和技能，原因在于必须知道的内容是直接服务教学目标实现的内容，而且只有通过教学过程才能习得，所以是课程设计开发的重点。

而知道会更好的内容和延伸阅读的内容通常作为学员自主学习的内容。如果时间允许，可以涉及知道会更好的内容，但无须作为重点，而延伸阅读方面的内容告诉学员去哪里可以找到就行了。

比如：学员要学习课程设计开发的方法，必须知道的知识是五四课程设计开发模型，知道会更好的知识为自然学习设计，延续阅读的内容为案例式教学设计，可以去知乎上查阅。

练一练：课程设计开发的重点应放在学员必须知道的内容上，这样的表述对吗？（　　）

A. 对

B. 错

答案是 A，应该放在必须知道的内容上。在实施教学时，我们会优先传授直接服务于学习目标的内容，而直接服务于学习目标的内容是必须知道的内容，然后根据时间和学员情况来判断知道会更好的内容是否需要向学员传授。所以，教学的重点放在必须知道的内容上是明智的选择。

用一用：请结合自己要设计开发的课程列举哪些内容是学员必须知道的内容，哪些内容是知道会更好的内容，哪些内容是延伸阅读的内容。（见表 2-1）

表 2-1　结合要设计开发的课程列举相应的内容

学习内容分类	结合要设计开发的课程列举相应的内容
必须知道的内容	
知道会更好的内容	
延伸阅读的内容	

本节要点：在厘清教学内容时，要根据学员的学习目标区分出必须知道、知道会更好和延伸阅读的内容。课堂上重点关注必须知道的内容，而知道会更好的内容和延伸阅读的内容作为学员自主

学习的内容即可。

基于事件、角色、组织和场景应用教学内容生成的4个步骤均可厘清教学内容。

第二节　明确学习结果

想一想：当你学习完五四课程设计开发模型后的产出是什么？（　）

A. 课程设计开发的4P

B. 课程设计开发的4Q

C. 课程设计开发的4S

D. 课程设计开发的4H

E. 课程设计开发的4G

A、B、C、D、E选项是学习五四课程设计开发模型后的产出。每个人可以将课程主题、教学对象、课程时长、学习目标锁定，基于学员的学习目标厘清应得内容——学习成果、应会内容——工具方法、应知内容——相关知识、应想内容——学习目的，基于学员的学习体检匹配最有效的建立联系、互动讲解、技能练习和学以致用的教学活动，规划要生成的讲师手册、学员手册、演示文档或其他辅助教学资源，并根据规划将其开发和呈现出来，最后实现学员反馈好、讲师呈现好、过程体验好、教学资源好。

在第一章中，我们学习了学习目标设定，也知道学习目标由角色、条件、方式、行为和结果组成。而应得内容所对应的是学习目标中的结果，是应会内容的自然产出，通常用定性或定量的结果性语言描述。比如：能够产出的结果是解决方案、工作手册、行动方案、知识模型、收获、启发、50 字 / 分钟、30 件 / 小时、课程包等。

想一想：从教学内容的严谨程度看，描述恰当是哪个选项？（　）

A. 结构良好的知识和技能，以及结构不良好的知识和技能

B. 他人的知识和技能，以及自己的知识和技能

C. 过去的知识和技能，以及未知的知识和技能

A、B、C 选项都恰当，只是分类逻辑不同。A 是从知识、技能结构的严谨性、成熟度上进行的分类，体现的是程度逻辑；B 是空间逻辑的分类；C 是时间逻辑的分类。

在梳理教学内容时，我们会发现不是所有的教学内容都是可以拿来就用的。有的教学内容是现成的，能够经过长时间检验的知识多为良构知识，找出来便可以使用；而有些教学内容不是现成的，需要经过整理加工后才可以使用，这样的知识多为劣构知识。

良构知识作为课程内容输入时省时、省力，而劣构知识就没那么容易了，需要整理和加工后才可以使用。

实际上，在工作中这两种情况均客观存在，尤其是劣构知识的良构化更有利于组织智慧的生成和传承。这些知识属于企业特有的知识，可以加速个人和组织知识体系的构建，而劣构知识可通过案例式课程设计开发方法来实现。

当我们想做什么事情的时候，如果有良构知识，直接学习相应的方法去实践和应用即可，如国家法律、法规、技术规范就属于知识；如果没有良构知识，只有劣构知识，便需要将其加工整理成结构良好的知识，这样更有利于传承，如易然行出品的商业

智能领导力云端修炼沙盘的开发方法就属于劣构知识，目前云端沙盘学习产品上线，但没有整理成方法论，这便属于劣构知识，如图 2-2 所示。

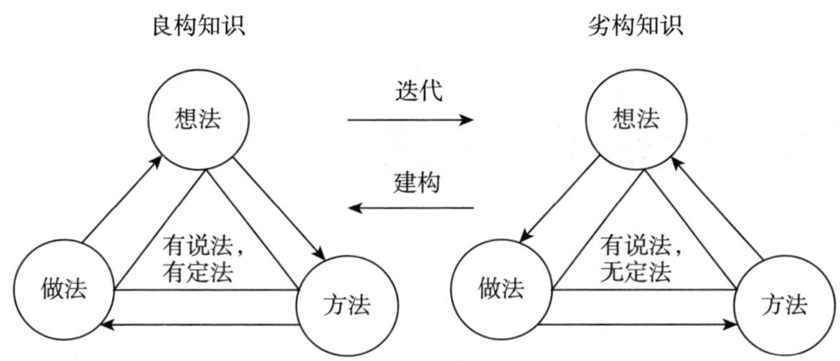

图 2-2　个人和组织知识体系构建模型

练一练：下列属于结构良好的知识有哪些？（　　）

A. 安全生产法

B. 劳动法

C. 管道安装技术规范

D. 某企业的工作案例

A、B、C 选项属于良构知识，可以拿来就用，而 D 选项某企业的工作案例，需要萃取其工作方法才可复制推广，属于劣构知识。

用一用：请列出自己要设计开发的课程中哪些是良构知识，哪些是劣构知识？

良构知识有：

劣构知识有：

本节要点：教学内容按照其成熟度，即程度逻辑分为良构知识和劣构知识。良构知识直接结合应用场景，直接用于课程设计开发，而劣构知识需要建构后才可以进行课程设计开发。

第三节　明确工具方法

想一想：我们怎样才能产出一门课程的 4P、4Q、4S、4H、4G 呢？（　　）

A. 锁定 4P 的方法

B. 厘清 4Q 的方法

C. 匹配 4S 的方法

D. 生成 4H 的方法

E. 迭代 4G 的方法

A、B、C、D、E 五个选项是产出一门课程的 20 个要素及方法，学员只有应用这 20 个方法才能系统地完成一门课程的完整设计和开发。首先应用某项知识和技能完成某个任务。

应会是应得的基础，与应得直接相关，特指能够应用知识和技能完成某项任务，是对应知的应用，通常用动词表示。

比如：排除某故障、解决某问题、形成某方案、绘制某图纸、编制讲师手册、编制学员手册、制定学习目标。

想一想：劣构知识如何转化为良构知识？

劣构知识通常是某人和某组织想去做某事，有了这个想法后，要去行动时发现没有现成的方法可以借鉴，这时候就需要“摸着石头过河”，或听人讲一讲经验，自己在探索的过程中不断地总结经验和教训，而这些经验和教训存储在当事人的头脑中。

为了更加方便地复制和传承，需要当事人将自己的隐性知识显性化，显性知识模型化，模型知识载体化。当一类知识以某种载体的形式存在时，就转化为良构知识。在企业开展培训时，规章制度类或有标准教材的内容属于良构知识，而很多经验分享类内容多属于劣构知识。

结构良好的知识结合应用场景直接引用就好，不作为教学内容梳理的重点，我们重点讨论结构不良知识的建构，也就是劣构知识的良构化。劣构知识比较隐蔽，通常以某种经验的形式分布在不同的个人和团队里，结构不严谨甚至零散，分享或传承均受限于当事人，如果这个人不能够分享和传承，这些知识就有可能消失。

所以，将这些个人和团队的隐性知识显性化、显性知识结构化、结构知识标准化、标准知识信息化、信息知识智能化是一件非常有价值的事情，也就是我们经常说的组织智慧萃取或经验萃取。

劣构知识需要按照一定的场景或结构进行提炼和加工后，才可以更好地用于系统化的教学。理想的个人和组织知识体系构建的情景是人人都是知识的创造者，人人都是知识的应用者。所有人都可以将有价值的知识随时随地生成在“道场”，每个人都可以随时随地各取所需（见图 2–3）。

实际工作并非如此。过去在进行个人和组织知识体系构建时会组织一些专家按一定的方式在物理空间进行集中萃取，形成元知识，然后将这些元知识设计成可以教学的课程，来满足更多人的学习需求。

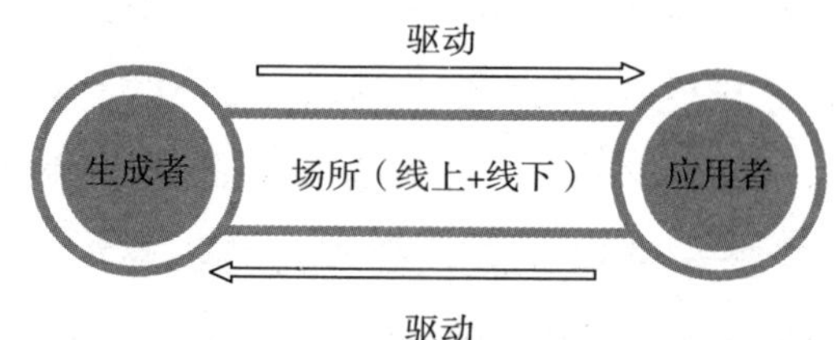

图 2-3　知识体系生成的道场

这种方法受时间、空间、范围的制约，尤其是这些知识的更新迭代不及时。理想状态是每个人都可以在云端，按照一定的顶层结构和知识结构生成自己的知识体系，也可以根据自己的需求获取需要的知识。

当我们有意识地进行知识生成的时候，会面临三种情况：一是自己是业务专家；二是自己是课程设计开发专家；三是自己既是业务专家也是课程设计开发专家。如果自己是业务专家，我们学点课程设计开发的知识就可以开始了，应用知识萃取的四步法即可完成内容生成；如果自己是课程设计开发专家而不是业务专家的时候，我们现学通常是来不及的，最好的办法是合作开发；如果自己既是业务专家，也是课程设计开发专家，马上开始行动。

如果自己属于第三种情况，便可迅速地开始教学内容的建构。此时，首先要问自己"我到底有什么？我有多少经验可以转化为能够广泛传承的知识"？

如何进行转化呢？通常在转化前讲一个真实的故事，即在什么情景下，面临什么样的任务或挑战，用什么方式做了什么事情，结果怎么样。当我们将经历还原后，便可以应用经验萃取的四步法进行元知识建构，知识建构的四步分别是实践、表达、建模和生成，如图 2-4 所示。

一是要有实践。未曾经历，不成经验。看到、听到、想到和学到的都不一定是你有的，只有实践过，才可以成为你的经验。

二是要有表达。当我们拥有某种经验后，需要通过某种方式或结构将这些事实描述出来，将事情发生的事实表达出来。

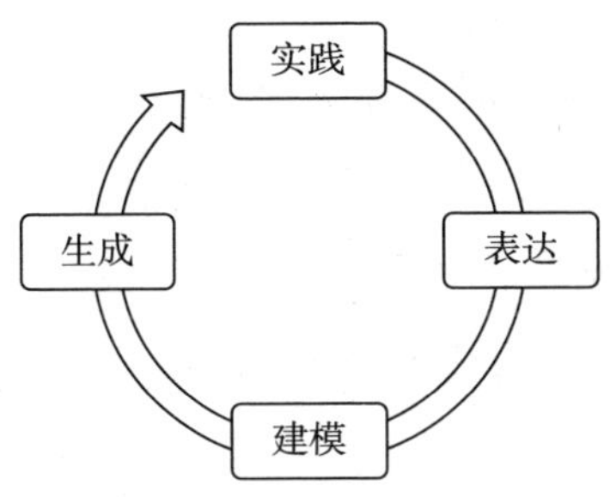

图 2-4　经验萃取的四步法

三是要有建模。结合事实发现规律。为方便传承，我们需要将事实按照一定的逻辑进行提炼，通常按三种逻辑进行建模：时间逻辑，如过去、现在和未来，昨天、今天和明天；空间逻辑，如上、中、下；程度逻辑，如好、很好、非常好，快、很快、非常快。建模逻辑如图 2-5 所示。

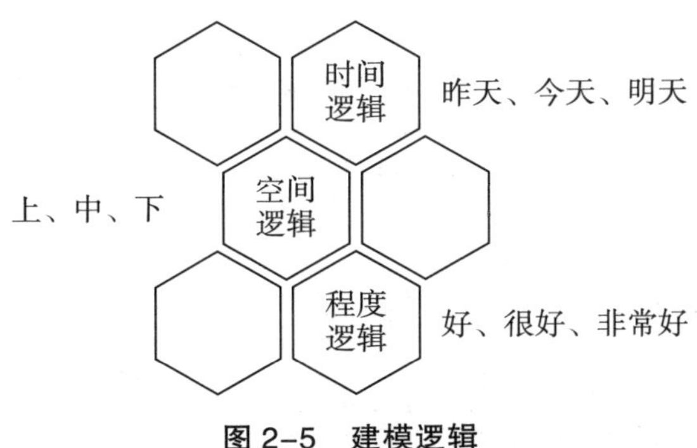

图 2-5　建模逻辑

四是要有生成。当我们选择了某种逻辑表达后，接下来需要结合应用场景生成可以传承的内容，如文字、图形、故事、诗歌、音乐等。

练一练：

练习 1：结合自己要设计开发的课程，识别一下自己属于哪一种

情况？（　　）

A. 是业务专家

B. 是课程设计开发专家

C. 既是业务专家，也是课程设计开发专家

练习 2：结合自己的工作和生活经历，罗列哪些经验可以建构成结构良好的知识，以便传承和分享。

练习 3：劣构知识良构化的步骤是（　　）

A. 建模

B. 实践

C. 表达

D. 生成

练习 4：良构知识建模的三种逻辑是（　　）（　　）（　　）。

用一用：

1. 结合自己要设计开发的课程，按照劣构知识转化成良构知识的步骤，将相应的内容梳理出来，如表 2–2 所示。

表 2–2　内容梳理

建构步骤	建构要求	具体内容
实践	有哪些实践	
表达	经历什么	
建模	逻辑结构	
生成	某种载体说明为什么、是什么、怎么样、结果呢	

2. 请结合自己要设计开发的课程，写出学员学习了你的课程后会做什么？

第四节　配置相关知识

想一想：我们需要学习哪些必须知道的知识才能学习 4P、4Q、4S、4H、4G 的方法呢？（　　）

A.4P 的知识和技能

B.4Q 的知识和技能

C.4S 的知识和技能

D.4H 的知识和技能

E.4G 的知识和技能

A、B、C、D、E 五个选项是产出一门课程的 20 个要素及方法，学员只有应用这 20 个方法才能够系统地完成一门完整的课程设计和开发。首先应会强调的是应用某项知识和技能完成某个任务。

应知是应会的基础，与应会直接相关，一一对应的知识，通常用名词表示。定义、类别、原则、要素、流程、工具、方法、规则、标准、注意事项等。

教学内容是由各种知识体系构成的，常见的知识体系建构方法有事件知识建构法、角色知识建构法、组织知识建构法和场景知识建构法，笔者将其总结为点、线、面、体知识建构法，“点”即事件知识建构，“线”即角色知识建构，“面”即组织知识建构，“体”即场景知识建构。

想一想：上一节中提到的教学内容生成步骤是否适用于点、线、面、体知识体系构建呢？（　　）

A. 是

B. 否

答案应该为 A，原因在于，无论是基于事件、角色、组织还是场景，均需要还原实践、表达出来、逻辑建构和载体生成。

教学内容生成有四种典型的知识建构场景，分别是事件知识建构法、角色知识建构法、组织知识建构法和场景知识建构法。每种建构场景的关注点不同，事件知识建构关注事件本身，角色知识建构关注角色和人的行为，组织知识建构关注角色、人的行为和事件，而场景知识建构关注事件、角色、组织及场景。

事件知识建构指的是通过对某个事件复盘而提炼的知识结构。

角色知识建构指的是针对某一类角色的胜任能力而进行的知识建构。

组织知识建构指的是针对某组织价值创造的活动进行的知识建构。

场景知识建构指的是某场景下的组织、角色、事件的立体化知识的建构。

无论采取哪种建构方法，都需要按照教学内容生成的步骤将完整的知识结构呈现出来，以利于支撑学习目标的实现，如表 2-3 所示。

表 2-3 教学内容生成步骤与知识建构方法匹配表

<table>
<tr><th>教学内容生成步骤</th><th>事件知识建构</th><th>角色知识建构</th><th>组织知识建构</th><th>场景知识建构</th></tr>
<tr><td>实践</td><td rowspan="4">关注事件本身，如年度论坛组织最佳实践</td><td rowspan="4">关注一类人的行为（含事件），如培训师的课程设计方法</td><td rowspan="4">关注组织活动（含角色和事件），如企业大学的战略规划方法</td><td rowspan="4">关注场景（含组织活动、角色和事件），如在云端设计开发沙盘类学习产品</td></tr>
<tr><td>表达</td></tr>
<tr><td>建模</td></tr>
<tr><td>生成</td></tr>
</table>

一、事件知识建构法

想一想：在工作中，你有没有遇到过自己不曾做过的事情？遇到这样的事情你需要做什么、怎么做？如果是你没有做过的事情，而恰巧你身边的同事做过，于是你向他请教，经过这位同事的描述，你也知道这件事情的做法了。

你有没有类似的经历，不妨将当时的情况描述一下：

1. 当时遇到什么情况？
2. 面临的问题、挑战或任务是什么？
3. 当时做了什么以及如何做的？
4. 结果怎么样？

当我们完成了 4 个问题的描述，其实便应用了一种知识建构的方法，即事件知识建构法。

事件知识建构指的是通过对一个事件复盘而提炼的知识结构。事件知识建构法是以事实发生为前提，重点描述事件发生的情景、任务、行为和结果。

在描述情景时我们可以询问："那是一个什么样的情景？哪些因

素导致这样的情景？在这个情景中有谁参与？”

在描述任务时可以询问：“您面临的主要任务是什么？为了达到什么样的目标？遇到的挑战是什么？”

在描述行为时可以询问：“在那样的情景下，您当时的想法、感觉和想要采取的行动是什么？”

在描述结果时可以询问：“最后的结果是什么？过程中又发生了什么？”

通过对以上问题的询问和回答，我们能够对事件进行还原，并通过语言或文字的形式将其表达出来，然后应用不同的逻辑进行知识建构，生成想要的内容。

练一练：请应用事件知识建构法，对工作中做得非常成功的事情进行知识建构（见表 2–4）。

表 2–4 事件知识建构梳理表

情景	任务	行为	结果
示例：领导安排你给企业一把手讲一堂商业智能领导力的课	因为新冠肺炎疫情防控，以往开发的线下沙盘类课程不能进行交付，你需要一款在云端可以交付的商业智能领导力课程替代之前的线下沙盘类课程，问题是你没有见过类似的课程，于是你多方打探，听说易然行智能科技公司开发了一门 2 天版的数据驱动的商业智能领导力云端修炼沙盘，非常符合你的需求	现在需要认证这门课程才可以进行交付，于是你联系了易然行，认证了这门课程的推演师。师资认证由五步组成：前置学习、课程认证、师资认证、助任助教、获得推演资格	认证通过后，便组织公司的一把手开展了领导交代的商业智能领导力学习活动

用一用：请结合要设计开发的课程内容，应用事件描述法生成要传承的知识（见表 2–5）。

表 2-5 事件知识建构梳理表

事件名称：			
情景	任务	行为	结果

本节要点：事件知识建构法是基于一个事件的完成而进行的知识体系建构，重点描述事件的情景、任务、行为和结果，从而形成基于事件完整的知识体系。

二、角色知识建构法

想一想：在企业中，你有没有遇到过基于某类角色知识建构教学内容的情况？比如：针对人力资源管理人员的课程体系、针对财务管理人员的课程体系。如果遇到过，请列举一下。

相信非常容易列举出来，而且基于角色的教学内容非常普遍。尤其是基于国家职业资格的课程体系、基于企业的任职资格课程体系，或者基于企业的技能等级评定课程体系，这些课程体系多数情况下是基于某一类角色构建的教学内容。

角色知识建构法指的是针对某一类角色的胜任能力而进行的知识建构。这种方法在企业中很常见，尤其是基于职位或任职资格的人力资源管理体系建立的课程体系，多数是基于角色知识建构出来的。通常采用专家访谈法或专家工作坊的方式梳理出工作领域和学习领域的内容，从而形成基于角色的知识结构。

首先，梳理工作领域的信息，包括角色价值及关键任务。具体的做法是找出某一类角色绩效优异的人员，应用事件知识建构法描述出这个角色最关键的工作任务，然后将这些任务按照时间、空间或程度逻辑分类，形成其角色价值或职能及关键任务，我们称之为工作领域信息输入。

这两类信息以动宾结构的方式描述，角色价值描述的动词为大动词，关键任务描述的动词为中动词，还需要细分任务描述时使用小动词。最终形成该角色的工作任务梳理，也是学习领域梳理的前提条件。

其次，匹配学习领域的信息，包括技能要求和知识要求。为了实现角色价值，完成关键任务，需要哪些技能和知识的输入。技能描述的方法参照“第一章锁定教学目标”中的学习目标描述即可，而知识与技能是相匹配的，知识与技能直接相关。将这一类角色的角色价值、关键任务、技能要求和知识要求梳理出来，形成基于角色的知识建构。

练一练：请结合自己的角色梳理角色知识体系（见表 2–6）。

表 2–6　角色工作领域与学习领域匹配表

工作领域		学习领域	
角色价值 （应得）	关键任务 （应会）	技能要求 （应会）	相关知识 （应知与应想）
A 实施教学	A1 课程设计	A1.1 锁定教学目标 A1.2 厘清教学内容	A1.1 教学目标的制定方法 A1.2 教学内容的梳理方法
	A2 课程开发	A2.1…… A2.2……	A2.1…… A2.2……
	A3 课程呈现	A3.1…… A3.2……	A3.1…… A3.2……

续表

工作领域		学习领域	
角色价值（应得）	关键任务（应会）	技能要求（应会）	相关知识（应知与应想）
B	B1……	B1.1…… B1.2……	B1.1…… B1.2……
	B2……	B2.1…… B2.2……	B2.1…… B2.2……
	B3……	B3.1…… B3.2……	B3.1…… B3.2……

本节要点：角色知识建构法是基于某一类角色进行知识结构的生成，首先梳理工作领域的角色价值和关键任务，然后匹配相应的技能要求和知识要求，从而形成基于角色的知识体系建构。

三、组织知识建构法

想一想：你所在的组织有没有经历过业务活动及业务流程梳理工作？（　　）

A. 是

B. 否

如果经历过业务活动梳理，再理解组织知识建构法会容易一些，在一些管理规范的企业中经常遇到此类情况。如果没有经历过，不妨了解一下，对理解组织知识建构非常有帮助。

组织知识建构指的是针对某组织价值创造的活动进行的知识建

构。与角色知识建构不同的是，关注的主体不同，组织知识建构关注的是组织，而角色知识建构关注的是角色。现实情况是，先有组织，后有角色。所以，基于组织价值实现的知识结构更有利于组织价值的创造，而基于角色价值实现的知识结构更有利于角色价值的创造。如果同时考虑组织价值与角色价值将是最完美的结合。

首先，梳理组织中的工作领域，即组织价值和关键活动。将组织价值和关键任务按照时间、空间或程度逻辑进行分类，形成组织的工作领域。组织的工作领域的描述方法与角色知识建构中的工作领域的描述方法相同，这里关注的是前者。

其次，匹配组织中的学习领域，即组织的技能要求和知识要求，将组织活动需要的技能和知识梳理完毕，便形成组织的学习领域。组织的学习领域的描述方法与角色知识建构中的学习领域的描述方法相同，这里关注的是前者。

最后，将组织中不同的角色与组织价值和任务相匹配。匹配完成后，每种角色均生成基于组织价值实现的角色价值、任务、技能和知识。应用这种方法生成的知识体系比角色知识建构出的知识体系更加系统和精准。

练一练：请应用组织知识建构法梳理所在部门的知识体系（见表 2–7）。

表 2–7　组织知识建构梳理表

工作领域		学习领域		角色	
组织价值（应得）	组织活动（应会）	技能要求（应会）	相关知识（应知与应想）	角色 1：营销经理	角色 2：客户经理
A 市场开发	A1 市场调研	A1.1 市场分类 A1.2 客户分类	A1.1 市场分类方法 A1.2 客户分类方法		
	A2 商机管理	A2.1…… A2.2……	A2.1…… A2.2……		

续表

工作领域		学习领域		角色	
组织价值（应得）	组织活动（应会）	技能要求（应会）	相关知识（应知与应想）	角色 1：营销经理	角色 2：客户经理
A 市场开发	A3……	A3.1…… A3.2……	A3.1…… A3.2……		
B 产品管理	B1……	B1.1…… B1.2……	B1.1…… B1.2……		
	B2……	B2.1…… B2.2……	B2.1…… B2.2……		
	B3……	B3.1…… B3.2……	B3.1…… B3.2……		

本节要点：组织知识建构法是基于组织价值实现梳理工作领域和学习领域的信息，然后将组织中的角色与组织价值和组织活动进行匹配，最终形成组织知识体系，也可以自然生成角色知识体系。

四、场景知识建构法

想一想：当你要完成一次出行时，需要哪些知识和技能呢？

路线、宾馆、餐饮、交通、求生等知识和技能，这些知识和技能如果只是孤立存在，并不能完全满足你的旅行需求。如果有一个组织整理出一个旅行指南，就会使很多人受益，旅行并不是孤立存在的，需要一套完整的知识体系做支撑。所以，场景知识的特征是：实用、系统、精准、易迁移。

场景知识建构由事件、角色、组织和场景共同构成。场景是由特定的时间、地点、人物和事件共同组成的立体画面。场景知识建构与组织知识建构的区别是，场景知识建构的关注点在业务发生的典型场景上。在场景中，既包括场景活动，也包括场景角色，更包括场景知识和技能。所以基于场景的知识体系除兼具事件、角色和组织知识建构的优势外，还增加了易迁移的优势。

首先，梳理典型场景。基于立体画面组成的场景，厘清场景中的角色、场域和活动。角色是场景中的任务对象，场域是由场景中的时间、空间、渠道、环境等组成，而活动是场景中的具体任务或故事情节。想象一下看过的电影就容易理解场景的概念了。

其次，基于典型场景厘清场景价值、活动、技能、知识及涉及的角色。

最后，生成典型场景下的知识体系。

练一练：基于典型业务场景梳理场景化的知识体系（见表 2–8）。

表 2–8　场景知识建构梳理表

<table>
<tr><th rowspan="2">典型场景</th><th colspan="2">工作领域</th><th colspan="2">学习领域</th><th colspan="2">角色</th></tr>
<tr><th>场景价值
（应得）</th><th>场景活动
（应会）</th><th>技能要求
（应会）</th><th>相关知识
（应知与应想）</th><th>角色 1</th><th>角色 2</th></tr>
<tr><td rowspan="3">乘坐火车出行</td><td rowspan="3">A 订火车票</td><td>A1 登录 12306App</td><td>A1.1 浏览器中搜索 12306App 并安装
A1.2 注册用户名</td><td>A1.1App 搜索方法和真伪区分
A1.2 注册方法及注册事项</td><td>行政管理员</td><td></td></tr>
<tr><td>A2 录入出行区间</td><td>A2.1……
A2.2……</td><td>A2.1……
A2.2……</td><td></td><td></td></tr>
<tr><td>A3 确定出行时间</td><td>A3.1……
A3.2……</td><td>A3.1……
A3.2……</td><td></td><td></td></tr>
</table>

续表

典型场景	工作领域		学习领域		角色	
	场景价值（应得）	场景活动（应会）	技能要求（应会）	相关知识（应知与应想）	角色 1	角色 2
	B	B1……	B1.1…… B1.2……	B1.1…… B1.2……		
		B2……	B2.1…… B2.2……	B2.1…… B2.2……		
		B3……	B3.1…… B3.2……	B3.1…… B3.2……		

本节要点：场景是由特定的时间、地点、人物和事件共同组成的立体画面，其要素有角色、场域和活动。场景知识体系的特点是实用、精准、系统和易迁移。

用一用：请结合自己要设计开发的课程，写出学员应知道什么内容？

第五节　明确教学目的

应想内容是回答为什么的问题，是一种态度，是选择的动因，是知其所以然的知识。通常是一些关于知识和技能的重要性、价值、意义、影响、作用等内容。

想一想：如果从教学内容梳理的角度将应想、应知、应会和应得进行排序，你会如何选择呢？（　　）

A. 应想、应知、应会和应得

B. 应得、应知、应想和应会

C. 应想、应会、应知和应得

D. 应得、应会、应知和应想

答案是选项 D，原因在于以结果为导向梳理教学内容，会让教学内容更精准。

教学内容是围绕学习目标展开的，为确保教学内容的精准，我们在厘清教学内容时会按照应得、应会、应知和应想的顺序进行梳理，如图 2-6 所示。

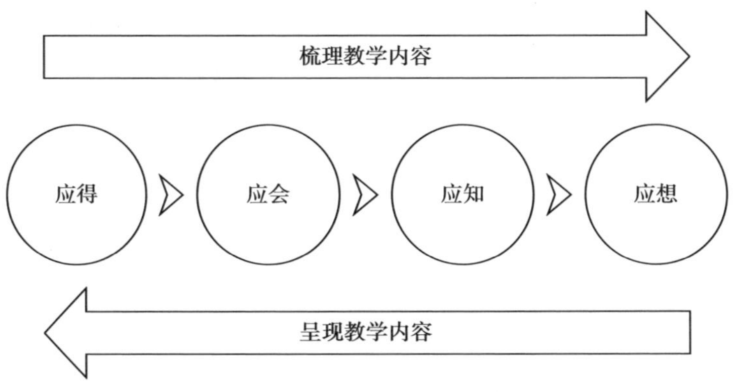

图 2-6　教学内容

采用“以终为始”的策略进行教学内容梳理的好处在于教学内容更加精确，直接服务于学习目标的实现，避免或减少不相关或不直接的相关知识、技能的出现。这样梳理的效率更高、效果更好，而在课程内容呈现时，则按照应想、应知、应会和应得的顺序进行。

先呈现应想部分的目的是建立学员的学习兴趣，知道为什么学习，然后需要知道学习什么知识和技能，最后有什么样的收获。

练一练：请将教学内容的梳理顺序进行排列（　　），并将教学内容呈现的顺序进行排列（　　）。

A. 应想

B. 应知

C. 应会

D. 应得

梳理顺序为D–C–B–A，呈现顺序为A–B–C–D。

用一用：一个完整的教学内容梳理包括应想、应知、应会和应得，是不是在一个完整教学内容里的每个模块都应该包括应想、应知、应会和应得呢？（　　）

A. 是

B. 否

这个问题不方便用"是"或"否"来回答，原因在于教学内容的多少与学习目标有关。因此，判断教学内容是否应该全部包括应想、应知、应会和应得的内容，唯一的衡量标准是：教学内容是否能够支撑学习目标的实现。只要教学目标需要，我们就将相应的教学内容梳理出来，作为课程设计开发的内容。

本节要点：教学内容的梳理顺序为应得、应会、应知和应想，而教学内容呈现的顺序为应想、应知、应会和应得。衡量教学内容是否足够的唯一标准是：教学内容是否能够支撑学习目标的实现。所以，对教学内容的选择应在满足学习目标实现的条件下进行取舍。

一、25种教学活动

可以从下列常见的教学活动中，选出经历过的学习活动，有没有特别喜欢的教学活动，有没有在教学过程中经常使用的教学活动。以学员为中心的学习活动，主角应该是学员，培训师是活动的设计者和引导者，让学习活动有效发生，如图 2–7 所示。

图 2–7　25 种教学活动

· 阅读

请学员阅读指定内容，并对阅读内容标注自己的发现和理解，而后与小组成员交流，既可以提出问题，也可以分享观点，培训师结合学员的发言给予反馈和澄清。阅读不只是让学员读过，即便是读过也要对阅读的结果进行交流，这样的学习才更有深度。

举一个笔者使用过的例子：每次上课我们不会习惯性地在学员没有到教室前将学员手册放置到学员的座位上，而是将发放学员手册的过程作为一次学习活动。

笔者会怎么做呢？一是提前将学员手册按照各组学员的人数进行分堆；二是请各组代表领取学员手册；三是代表在分发学员手册时请领取者回答一个与课程有关的问题，如期待课程能够解决的一个问题；四是请学员迅速浏览学员手册的内容，并对关注或感兴趣的页码进行折叠或用彩色的笔进行标注。

这个动作就是阅读。为什么要有这个动作呢？当学员拿到学员手册时，通常会有好奇心，即学员手册里有什么内容，想打开看一看，即便培训师没有安排这个活动，很多学员也会有看一看或翻一翻的想法和动作。与其这样，不如顺势而为，满足学员的诉求，学员翻阅过，也就将这个好奇心放下，从而有利于更好地专注接下来的学习活动。经验表明，带着问题阅读更有利于产出阅读成果。比如：核心内容是什么、你感兴趣的内容是什么，将其标注出来。

· 朗读

朗读在小学课堂中经常发生，在成人课堂上不建议常用，尤其是长篇幅的内容或一人朗读让全班学员听的情况，除非是朗读或发音、发声类课程。朗读是自我发现和练习的过程，否则，最好不用或减少使用仅朗读的学习方式。如果采用，在小组内小范围用，面向大众少用、精用。当然，示范类也可用。避免一个人的秀场，以免让学员感觉有浪费他们的时间之嫌。

· 听讲

听讲是最常见的学习活动，用耳朵接收信息，是一种高效传递信息的方式。听讲本身没有问题，问题是听与讲之间要有交互。培训师讲明白了没有，学员听明白了没有，需要有反馈、确认和调整的动作，才会让听讲更有效果。比如：通过提问，看学员有没有在听；通过学员间的交流，看学员的理解是否一致；通过比赛，看学员学习的精确度。

· 观看

观看也是最常见的学习活动之一，往往伴随着听讲完成。观看既可以观看视频、图片、文字，也可以观看现场演绎。观看学习最好是带着任务，效果更显著，否则每个人观看的视角不同，会进行信息的取舍，导致收获大相径庭。为了确保观看效果，在观看前输入一些背景信息有助于学员在短时间内减少认知负荷，加速对重点内容的关注和理解。

常见的观看内容有：标准化教学视频；引用电影、电视剧片段辅助教学；场景再现类视频等。视频对感观有直接的冲击，选择恰当，有助于高效地教学。

如果采用观看的方式，笔者通常会做如下动作：

一是告诉学员接下来要观看一段视频或情景剧来学习某个主题的内容，整体的背景信息包括在什么情况下、发生了什么、涉及哪些角色、经历什么过程、采取什么行动、最终的结果怎么样等。

二是请学员带着问题观看相应的内容，如发生了什么、结果怎么样、原因是什么、如果你是主人翁会怎样等，问题不在多，在精，最好服务于教学内容。

三是请学员观看相应的内容。

四是请学员所在小组对提出的问题进行交流并形成结论。

五是请部分学员分享，其他学员做补充。

六是培训师给予反馈，确认学员的学习效果。

· 记忆

记忆是习得知识、应用知识的关键，尤其是长期记忆。长期记忆通常需要一个持续重复的过程或者采用一些记忆的策略来完成，如故事记忆、规律记忆、图形记忆等。

故事记忆，通过讲故事的方式记住某些内容。

笔者曾经让学员记住 22 个词语来体验故事记忆法，通过现场讲故事并辅以肢体动作，瞬间记住所有词语。让学员感到不可思议的是开始只记 22 个词语，几乎没有人能够记下来。当通过描述一个故事将 22 个词语贯穿其中后，发现所有学员都能将其准确地记下来。

记忆既可以直接记忆内容，也可以记忆载体。记忆内容：某人的电话是多少，你脱口而出。记忆载体：某人的电话是多少你不知道，直接调取记忆内容；你知道记在什么地方，需要时到某地查找即可，间接调取所需内容。

· 复述

复述是确认记忆或理解的一种策略，既可以作为自我检查的策略，也可以作为学员相互检验是否理解的策略。通常在某些知识技能讲解后发生。比如：培训师讲解完五四模式的25个要素后，请学员复述25个要素，看学员的记忆程度；也可以辅以提问，以检查学员的理解程度，如在复述完毕25个要素后立即提问：在五四模型中匹配教学活动任务时，不可或缺的步骤是什么？

· 判断

判断通常是检验学员是否理解准确的一种方式。判断结果是由学员的认知决定的。同样的问题会因此得出不同的答案。而判断的过程是自我检视的过程，也是培训师对学员当前认知水平的判断。培训是提前基于教学内容设计一些判断题，既是教授内容的方式，也是与学员有效互动的方式。在设计判断题时，不可太容易，也不可太困难，而是要基于教学目标实现选择教学内容而设计判断题目。

· 辨别

辨别也是检验学员是否准确理解所学内容的一种有效方式。比如：给出一组图片辨别是什么内容；给一组内容排序或包含关系内容，请辨别对错；给出一组信息，请找出错误的或正确的内容，辨别出错误信息，学员的成就感明显，参与的热情会更高。

· 排序

排序在流程类知识和技能的传授中非常有用。比如：将某设备操作流程的顺序打乱，制作成卡片或纸条，请学员排序。设计类似的排序活动也要精心准备才能达到预期的学习效果，其实学员进行排列的过程就是学习的过程，如果以小组为单位，再加上竞赛的驱动，学习的紧张感和协同意识会增强。

在讲解五四课程设计开发模型时常采用排序的方式进行教学。具体步骤如下：

一是将五四课程设计开发模型进行排版，打印出来，裁剪成大小一致的纸条或准备好卡片，将五四课程设计开发模式内容写在上面。

二是将准备好的纸条或卡片装入信封。

三是培训师在传授相应内容时，请学员做好排序活动的准备，如培训师会讲："请各组在桌子上整理出 20 平方厘米的空间，或满足 × 张卡片大小的空间，用于排序活动；排序活动由小组成员共同完成，10 分钟内看哪个小组最先正确地完成，届时会给予奖励；各小组准备好了吗?"同时提醒第一个完成的小组，向全班同学示意完成。

四是培训师将信封分发给各学习小组，并宣布排序活动开始，排序过程中学员会交流和探讨，在交流和探讨中学员互相学习。培训师在学员排序时游走在各学习小组间，观察各组的进展情况，并做进度的提醒或对一些在进度和排序中做得不错的地方进行鼓励，但不宣布是哪一组所为，引导学员多次进行深入交流。

五是宣布排序活动结束。请各组学员通过照片的方式展示本组的成果，并请各组相互对比，发现不同，而不同之处恰恰是课程的重点和难点。

六是培训师公布正确的答案，请学员找出差错，对于完全正确的小组予以赞赏，并请小组代表分享是如何高效正确完成的，而且给予物质、积分、笑脸等奖励。最后，宣布刚才的排序活动学习的内容为五四课程设计开发模型的框架内容。

· 计算

给学员布置一个计算任务，通过计算检验学员是否学会，尤其结合实际工作设计计算题。即使是课堂中的学习，也是有意识的练习，更是为真实业务场景习得做铺垫。比如：本期营业额 800 元，上期营业额 400 元，请计算业务增长率为多少？学员完成计算一定要有公示答案的动作，请学员认识到正确与否，并且找出原因，尤其是计算错误的原因。如果时间允许，学员可以交流计算过程，通过交流强化学习效果。

· 举例

举例是常用的解释说明方法，既可以是培训师举例，也可以是学员举例。以学员为中心的学习当然希望学员来举例，关键是举例要恰当。

· 回答

通过回答预设问题参与学习活动。设计问题时需要考虑学员回答的难易程度。培训师可以设计问题，学员也可以设计问题，所有问题的设计需要有利于教学目标的实现。既可以是开放式问题，也可以是封闭式问题；既可以是个人回答，也可以是小组讨论后选择代表回答。回答的结果，就是对所学知识和技能的反馈。回答过程，既是互动式教学活动，也是学员相互学习的过程。比如：如果你是当事人，你会如何做？在进行课程设计时，你更关注内容还是教学活动？

· 绘画

除了绘画、制图、几何、设计、漫画等课上绘画是必备动作，在其他课程上采用绘画的方式也是一种有利于激活右脑感性和创造的方法。比如：绘制概念图、课程结构图、流程图、原理图、思维导图等。有时在讲文化类的课程，会组织学员基于某个文化内容用图画的方式表达其内涵，学员积极参与，而且会在短时间内产出非常有创造力的作品。

· 分享

分享是学员展示自我的机会，也是培训师认识学员的机会。请学员分享是非常简单的互动方式。在常规的课堂上，学员分享通常是即时性分享多，尤其是同一主题，不同的人会有不同的做法，但都实现了预期，这样的分享是非常有价值的。

比如：当员工协同发生冲突时，你的解决方法是什么？当某机器发生异响时，你曾经的做法是什么？各小组讨论后，请分享你的观点；大家练习后，请分享一下练习的成果。

· 比较

比较是自我发现的好方法，尤其是同一问题有不同的解决方案时，通过比较可以让学员互相学习。比较可以发现相同和不同，也可以发现优劣。比如：请学员对每个作品的质量进行打分或排序，打分和排序发生了比较，既可以是作品的比较，也可以是作品与参照标准的比较。

· 辩论

彼此用一定的理由来说明自己对事物或问题的见解，揭露对方的矛盾，以便最后得到共同的认识和意见。辩论是一种深度学习的好方法。辩论对认知、思维类内容的理解非常有帮助。比如：在培训企业价值观内容时，为了帮助学员更加深入地理解其内涵，应开展辩论活动，好的辩论需要做足功课。

· 案例分析

案例分析在职场课程中常用。培训师或学员准备与课程相关的案例，请学员带着问题阅读案例，然后请学员分享自己的发现，各小组交流研讨并进行观点分享，讲师基于学员的分享和案例中的问题导入有价值的知识和技能，然后请学员结合自己的业务场景进行练习和应用，从而实现学习。

· 归纳

归纳是从许多个别的事物中概括出一般性概念、原则或结论的思维方法。归纳能够很好地提炼所学，转化为个人知识，形成个人的思维逻辑。案例分析时、课程总结时、集体研讨时等众多信息输入后，通常按照某种逻辑进行分类、归纳，形成精练且结构化的语言。归纳过程也是个人知识加工和习得的过程。

· 推论

推论是从一个或者一些已知的命题中得出新命题的思维过程或思维形式。其中，已知的命题是前提，得出的命题为结论。

· 演示示范

示范是培训师或学员演示给受众对象的一种方式，是为学员“打样”的过程，也是学员学习的过程。示范包括说给人听、做给人看；在说和做时，只是单向的呈现，只是学员学的前提。

理想的做法是，培训师说和做时，学员要记录说了什么、做了什么，然后请学员复述培训师说了什么、做了什么。这样的演示和示范才可以形成闭环，才可以实现互动，才可以实现学习。

· 讲授

讲授是教学过程中最常用的方式，一位培训师面对众多学员时非常有效，常用于宣贯类课程、告之类课程内容。如果技能类课程只是讲授，恐怕学员的学习效果就不好。单向的讲授是无法知晓学员是否已经学会了，唯有在讲授时增加对话和互动方可感知到知识技能的迁移。即便是讲授，也需要对核心内容见缝插针地增加互动的环节，形成信息闭环。

· 实验

实验是学员通过自我体验来习得知识技能的方式。我们比较熟悉的就是在学校上实验课，几乎所有的学员都感兴趣，原因在于实验的过程是自我学习的过程。这个过程遵循了体验——认知——理论的自我发现原理，实验过程就是自我或协同学习的过程。

培训师需要提前为学员的实验做好准备，实验过程同样需要设计，过程同样需要辅导和纠偏，实验结果也需要评估。实验环节，通常允许试错，但一定要确保在安全的环境下进行。

· 模拟练习

在技能类课程中模拟练习是非常必要的学习策略。通过模拟环境的练习，尤其是仿真环境的练习，越是缩短与真实环境的距离，越有利于学员在真实环境中的应用。常用的模拟练习有：各类沙盘课程、各类实训基地课程、各类预设环境的练习。

模拟练习越典型，越具有实用价值。模拟练习的内容来源真实工作中的内容，可能多，也可能少，取决于内容是否适合通过模拟的方式来实现。在模拟练习时，增加一些驱动手段有助于练习，如评估、比赛、积分等。

· 角色扮演

角色扮演适合在真实工作中需要多种角色的交互和协同达成预

期目标的应用场景。在这类课程的教学时，适合将工作的典型角色和任务梳理出来，通过一个或多个场景使得各个角色能够在一个模拟的环境中进行角色扮演，发生业务交互和协同，通过角色的体验和变换感受不同角色的功能和价值，从而促进认知的改变和技能的提升。

· 解决问题

解决问题是最实用的教学。理想的状况是学员带着问题来，带着答案走。这样的课程至少具备两个条件：学员问题非常清晰，培训师答案非常明确。否则，很难取得理想的结果，现实生活中多数情况都不理想。

这时就需要采用授人以“鱼”和“渔”的混合式方式来解决。对于问题和答案均已知的内容，直接给予“鱼”，请专家分享和答疑；对于问题和答案不清晰的需要导入问题分析解决的方法，直接给予“渔”，请专业的引导师授予解决问题的方法，透过群策群力、行动学习的方式促进问题的解决，让学员在解决问题的过程中实现成长。

二、4S教学流程设计

一个完整的教学过程由图2-8的四个阶段组成，分别是建立联系、互动讲解、技能练习和学以致用。在每个阶段，我们都会选用最适宜的教学活动应用到教学的不同阶段。所有的学习活动要以学员的学习为中心进行设计，以学员为中心的学习活动的最大特点是学员是主角，而且是以学员的学以致用为目的。

图2-8 4S教学流程设计

教学活动的设计是指培训师为有效地向学员传递知识和技能而精心策划的教和学的策略。其设计的精髓是基于教学目标，以“学员的学”为中心，以“培训师的教”为辅助所计划的教学活动。培训师需要创造最有效的学习环境，促进学员建构属于自己的知识技能体系，并且能够将知识技能转化为价值创造，不但在认知层面上有收获，而且在行为层面上也有体现，更重要的是能够生成有价值的成果。

教学设计环节是根据既定的教学目标、教学内容、教学时间设计知识和技能传递的活动或方式，培训师是教学活动的设计者，像一个导演，而学员是真正的演员，最终的教学效果不是看培训师讲授了什么，而是看学员收获了什么。**一次好的教学，不但能够传授知识和技能，而且能够影响学员的态度。**教学内容和教学活动有效匹配是关键，孰轻孰重其实没有可比性，应该是相互作用、相互平衡。教学活动的本质是用最容易、最简洁的活动使得学员达成学习目标。

匹配教学活动时，不但要做到以学员为中心，而且要融入大脑友好型的教学理念。做到以学员为中心就需要有互教互学活动、学以致用活动和学员分享活动；而大脑友好型的教学活动需要做到教和学的体验都好，所设计的教学活动不但能够激发学员的学习意愿，而且能够带给培训师美妙的教授体验。

在设计教学活动时：

一是要实现教和学双方均拥有积极的情绪体验。

二是要设计能够激发多重感官的刺激活动，全方位地调动学员身体的多重感官，包括但不限于听觉、视觉、嗅觉等，以激发学员的学习兴趣。

三是通过丰富多彩的教学策略加速知识技能的转化和迁移。

四是积极活跃的参与性与合作性。

五是学习场域打造，营造非正式环境下的科学学习。通过学员、场域和活动的科学设计，将学员带入学习状态，在非正式的学习环境中更能让学员有安全感，有利于建立相互信任的教学环境，在这样的环境下发生的学习更是自然而然。想一想各类博物馆、动物园、科技馆等环境，就能很好地理解非正式环境下的科学学习。

只有将以学员为中心、大脑友好型课程设计开发理念完全融入教学内容和教学活动的设计，才能够设计出经典课程。

三、全脑学习理念

以学员为中心、融入大脑友好型的教学设计理念是一种全脑学习理念。所谓全脑学习理念，就是调动大脑全方位参与学习，让学习体验更好、收获更多。

这里重点介绍如何通过左右脑的交替活动构建良好的学习体验。

全脑学习理念是由四步八要模型组成，四步八要模型的基本原理是通过充分调动左右脑的方式设计教学活动。四步指的是建立联系、互动讲解、技能练习和学以致用，每一步的目的分别是体悟、知道、做到和得道；八要指的是连接、关注、想象、告知、练习、扩展、提炼和应用。

四步与八要存在对应关系，建立联系由连接和关注组成；互动讲解由想象和告知组成；技能练习由练习和扩展组成；学以致用由提炼和应用组成。同时，它又与左右脑对应。连接、想象、扩展、应用对应右脑，关注、告知、练习、提炼对应左脑。右脑偏感性、主观，左脑偏理性、客观，如图 2-9、图 2-10 所示。

第一步，建立联系。学员将他们关于主题所知或认为知道的内容，即将学到的与想要学到的知识，以及彼此之间联系到一起。从全脑学习的视角，学员可以有两个动作：一是连接；二是关注。连接是右脑的方式，而关注是左脑的方式。

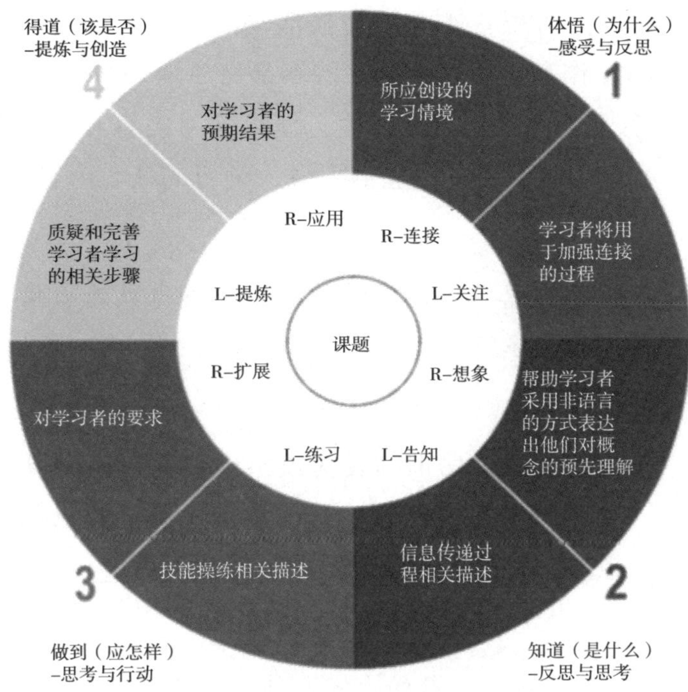

图 2–9　全脑教学设计的四步八要模型

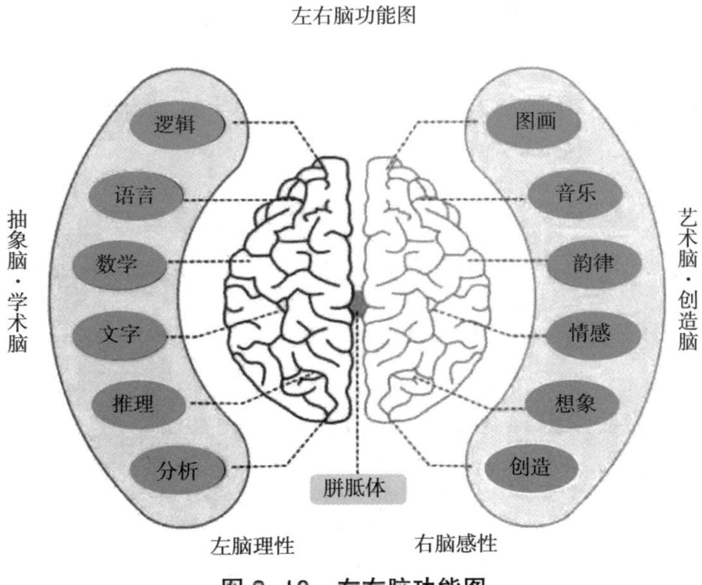

左右脑功能图

抽象脑·学术脑

逻辑
语言
数学
文字
推理
分析

艺术脑·创造脑

图画
音乐
韵律
情感
想象
创造

胼胝体

左脑理性　　右脑感性

图 2–10　左右脑功能图

连接，右脑的方式。在开展连接活动时，培训师要将学习的内容与学习者的工作和生活联系起来。不是简单地告知他们如何连接，而是让这种连接在课堂上直接发生，使得学习内容和学习者之间直接建立连接，学习者自身的经验需要融入学习的核心内容。

比如：在领导力课程中，请学员说出、写出或选出值得尊重的领导者。什么样的领导网格是个人特别喜欢的？

关注，左脑的方式。培训师要提供机会让学习者与新的学习任务进行对话。请他们分析刚刚发生过的事情、关注自己的经验及其他同伴有什么想法、关注事情的来龙去脉和前因后果。

比如：请选择个人感兴趣的内容，并与伙伴交流。

第二步，互动讲解。学员利用多重感官的方式获取信息：听觉、视觉、讨论、记写、思考、想象、参与及互教互学。从全脑学习的视角，有两个动作：一是想象；二是告知。想象属于右脑的方式；告知属于左脑的方式。

想象，就是形成一种心理图像。培训师应该让学员尽力发挥想象，请他们将理解的或者体验到的东西图示出来，并能在自己的头脑中勾勒出来。

比如：当看到“团队”这个词时，在你的头脑中浮现的画面是什么？请用图描述企业 10 年以后的样子。

告知，此时学员的任务是接受和检验“专家”的知识，培训师的任务是告知需要学习者理解哪些知识。

举例：五四课程设计开发模式是什么？它由五个要素组成，每个要素中包括四项内容。

第三步，技能练习。学员积极地练习新技能，或者参与所学新知识的复习活动。从全脑学习的视角，有两个动作：一是练习；二是扩展。练习属于左脑的方式；扩展属于右脑的方式。

练习，学习者必须向专家发现这一知识一样来操练。现在还不是创造革新或者调整适应的时候，学习者需要通过练习来学习，只有充分熟练才有可能有所创造，要尽量安排有趣同时又要求扎实的练习。培训师可以通过各种活动和具体帮助来促进学习者逐渐掌握。

举例：请应用关键事件法进行知识梳理。

扩展，这是创新开始的阶段。学习者已经掌握了不少新知识，已经有能力去思考，有材料去创造，有整体的图景去把握，创造性地运用知识技能恰逢其时。

举例：请学员列举可能的应用场景及差异。

第四步，学以致用。学员对所学知识进行总结、评估和自我激励，并对培训结束后如何使用新知识、新技能制订计划，并付诸实践，不但提炼出实践经验，而且进行了有效的呈现和传承。从全脑学习的视角，有两个动作：一是提炼；二是表现。提炼属于左脑的方式；表现属于右脑的方式。

提炼，学习者已经将他们学到的东西扩展到生活中，他们需要适应、调整、修改和评价这种扩展是否适当。

举例：结合工作实践撰写一份总结报告。

表现，要让学员表现自己。请学员灵活运用学过的东西，学会提出新的问题，将其同更广泛的知识联系起来，等等。学习圈进入新一轮循环。

举例：请分享个人或团队的实践经验。

四步八要是课程设计的经典模型，尤其是融入全脑学习理念，值得研究和实践。

本章总结：4Q 厘清教学内容工具

阅读到此时，我们已经完成了厘清教学内容中的应得、应会、应知和应想内容的学习。当我们将用一用的内容整理到 4Q 厘清教学内容工具表时，会发现自己已经完成了对本章内容的学习，也生成了自己要设计开发课程的教学内容，为下一章学习的开启奠定了坚实的基础。

请将每一节的用一用填写到4Q厘清教学内容工具表，千万不要忘记厘清教学内容工具表，梳理教学内容的顺序是应得、应会、应知、应想，在下一章节进行教学活动匹配时要按照应想、应知、应会和应得的顺序调整过来，如表2-9、表2-10所示。

表2-9　4Q厘清教学内容工具表（梳理表）

模块（单元）	理清教学内容的4Q	4Q答案
模块一	应得：学员学了之后能做什么？产出什么成果	
	应会：输出这些成果需要哪些工具方法做支撑	
	应知：应用这些工具的基本知识、概念有哪些	
	应想：这个课程学习的意义和价值是什么	

表2-10　厘清教学内容

模块	单元
模块一：锁定教学目标	单元一：确定课程名称
	单元二：明确课程学员
	单元三：设定课程时长
	单元四：明确学习目标
模块二：厘清教学内容	单元一：明晰学习成果
	单元二：明确工具方法
	单元三：配置相关知识
	单元四：明确教学目的

第三章

匹配教学活动

第一节　教学活动的4个步骤

在教学内容梳理环节，我们重点完成了工作领域和学习领域内容的梳理，并且按照以终为始的逻辑进行梳理。接下来要做的就是匹配最适合的教学活动。教学活动其实是学员习得知识和技能的策略，这些活动需要提前设计出来，以便达到活动的可复制性、预见性及有效性。

在匹配教学活动时，主要回答的问题是“怎么样”将已经梳理出来的知识和技能有效地传递给学员，转化为学员的知识和技能。通常，完整的教学活动由四个步骤组成，简称4S（Step），分别为S1建立联系、S2互动讲解、S3技能练习和S4学以致用。设计教学活动的目的是加速知识技能的留存和迁移。

想一想：在实施教学过程时，你会更关注教学内容还是教学活动？

相信每位读者会有不同的选择，从这两个选项中选择哪一个都不是最理想的，原因是我们在实施教学时，不是将学习内容给予学员，有效的学习就会自然发生。如果这样，就无须为教学内容匹配教学活动，哪怕教学活动只是讲解一种教学活动也是需要设计的，同样需要思考怎么讲解让学员的学习效果更好，讲解也属于教学活动的范畴。

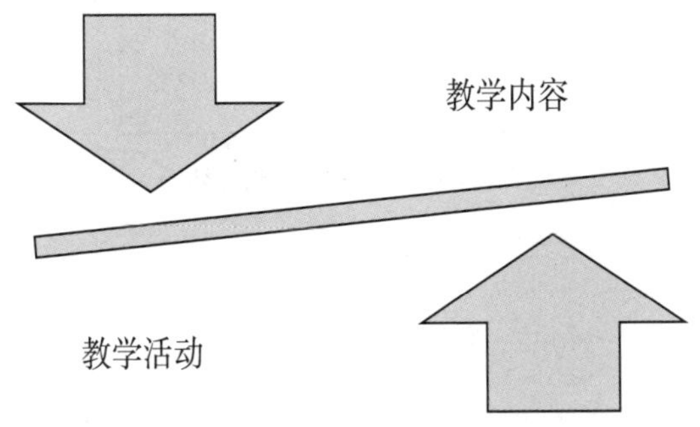

图 3-1　关注教学内容还是教学活动

在实施教学时，我们真正关注的选项并没有在教学内容和教学活动中出现，应该关注教学目标。教学目标才是我们在教学过程中不能忘记的，唯有关注教学目标，才能找到教学内容和教学活动的平衡点。

教学本是教者与学者互动的过程，如果我们从教学目标的视角看教学，更容易判断出应该关注教学内容还是教学活动。

无论我们如何选择，都需要深刻认识到，如果教学内容过多，在时间有限的情况下学员的认知压力会大，学员不一定能完全理解和消化；如果教学活动过多，学员会感觉内容空洞无物。所以，在匹配教学活动时，我们需要基于教学目标的实现做好教学内容和教学活动的平衡。

想一想：我们都有过不同的学习经历，也听过不少培训师讲过课，到现在为止还记得多少培训师使用过的教学活动？如果依然清晰地记得，可以列一列。

图 3-2 列举教学活动

第二节 让学员与课程建立联系（上）

第一步，建立联系。学员将他们关于主题所知或认为知道的内容，即将学到的与想要学到的知识，以及彼此之间联系到一起，而且要实现连接和关注的目的。

想一想：学员需要建立哪些连接？请结合个人的理解和经验作出选择。（　　）

A. 学员与学员

B. 学员与主题

C. 学员与学习内容

D. 学员与个人学习目标

E. 学员与学习成果

以上五种连接根据自己的课程需要进行选择应用，期待通过建立连接活动让学员意识到这次课程学习与其有关系，学了有用，值得参与。同时，通过建立连接活动建立已有知识和新知识的衔接关系，其相当于新旧知识的桥梁，如图 3–3 所示。

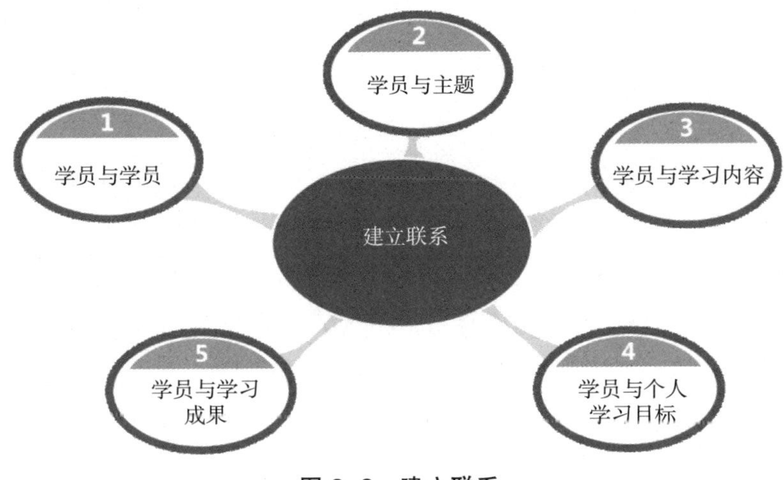

图 3–3　建立联系

一、学员与学员建立联系活动

学员与学员建立连接，目的是消除学员间的陌生感，建立安全及信任的交流环境。很多学员期待与一起学习的伙伴自然地发生一些社交活动。通常这样的想法很多，达到预期的很少。除非培训班的组织者或者培训师设计一些必要的学员与学员建立联系的活动。

想一想：假设培训班的学员并不熟悉，你更喜欢哪些学员与学员的教学活动？（　　）

A. 全班学员依次自我介绍

B. 小组内学员自我介绍

C. 全体起立，走到其他小组，在 5 分钟之内看谁认识的陌生人多

D. 全体起立，走到其他小组，在 5 分钟之内看谁认识的陌生人

多，见面要握手，拥抱也可以，并说“很高兴认识你”

E. 全体起立，走到其他小组，在 5 分钟之内看谁认识的陌生人多。5 分钟之后，培训师测试并评选出认识陌生人最多的人，再送上小礼物

你会选择哪个选项呢？

A 选项，在班内每个人都进行自我介绍。好处是一人介绍，其他人都听到了，是否能够记住并产生良好的体验就不好说了。这样的介绍是单向信息传递，没有学员的参与，效果显然不会理想。如果三五个人还好，若是人多，会让学员感觉浪费时间。在进行讲师课程训练时就采取过这样的自我介绍方式，从学员的视角看，体验真的不好。

B 选项，在小组内进行自我介绍。优点是时间会减少，但相互连接的范围缩小了。

C 选项，全体起立，走到其他小组，5 分钟之内看谁认识的陌生人多。在这个做法里面，我们发现连接人员的范围扩大了，学员会按照规则执行，本来多数人参加集体活动都有认识更多人的愿望，但很少有人愿意刻意行动，担心被拒绝，而是期待美好从天而降，事实上这样的情况很少见。

需要学员有内在诉求，主动认识人，培训师或组织者设计相互连接的活动，否则学员与学员间的自然而然的连接很难发生。事实上，通过学员与学员间连接活动的设计，可以有效地触发学员间连接的竞争。尤其是还有时间限制，会让学员在参与活动时，有紧迫感和时间观念，而且看谁认识的陌生人最多也会让学员形成比较的心理，增强学员去多认识人的动力。

D 选项，全体起立，走到其他小组，在 5 分钟之内看谁认识的陌生人多，而且一见面要握手，拥抱也可以，并说“很高兴认识你”。在这个选项中增加了认识他人的互动设计，由单向变成了双向，有

了交互动作。比如：握手，并说“很高兴认识你”。这样的设计会让现场交流的氛围更轻松，人与人之间的戒备降低，信任度提高。不仅有握手的动作，还有语言的表达，会让学员与学员间的连接印象更加深刻，也为学习营造非正式的学习场域创造了条件。因为非正式的环境更利于学习的发生。

E选项，全体起立，走到其他小组，在5分钟之内看谁认识的陌生人多。5分钟之后，培训师测试并评选出认识陌生人最多的伙伴，再送上小礼物表示认可和鼓励。在这个选项里，传递两个有价值的信息：一是看谁在学员之间建立连接的活动中是认真且有效果的；二是通过对认真对待而且有效果的学员进行认可来引导更多的伙伴参与类似的活动，运用榜样的力量营造学习氛围。

相信通过对每个选项的解释和说明，每个人都选择满意了。在学员与学员连接活动设计时，既可以让学员间基于共同问题开启，也可以基于差异问题开启。比如：在学员间相互认识时，所有学员至少有两个信息，即姓名和单位，这是共同的问题；也可以列举多个问题，由学员进行自选、互动和交流。差异问题更容易促进学员深度连接，更容易促进互教互学。

练一练：请结合要开发的课程设计学员间的建立联系活动。

二、学员与主题间的建立联系活动

学员与主题间的连接活动是促进学员寻找更多衔接点，促进学员探索与主题相关的信息，由于每位学员的学习、工作、生活经历各不相同，建立的连接也会不同。连接不同没有关系，能够有连接是问题的关键，连接意味着找到了自己的知识接口，搭建旧知识和新知识的桥梁，新旧知识便实现了对话。如果没有这样的连接，意味着主题对于学员来讲是全新的，并没有可以连接的旧知识，需要重新开始。这时学员更需要通过与主题的连接活动来认识它，以便引起兴趣或关注，否则学员不能找到学习主题与自己的关系。

想一想：在实施现场教学时，你应用过哪些学员与主题间的连接活动？看看自己是否能够识别出有一个选项不能帮助学员与主题之间建立连接。(　　)

A. 展示与主题有关的图片

B. 播放与主题有关的视频

C. 讨论与主题有关的案例

D. 搜索与主题有关的信息

E. 提问与主题有关的问题

F. 交流与主题相关的话题

G. 思考主题带给学员工作和生活的帮助

H. 讲师介绍主题与学员的关系

上述连接活动，除H选项，其他选项均有利于学员与主题间建立连接，当然类似的活动还有很多，不一一列举。无论选择哪种方式的连接活动均需要回答一个问题：学员通过连接活动是否建立了与主题之间的连接，具体的连接点是什么。通常这个连接点只有学员自己知道。接下来重点介绍上述连接活动。

A. 展示与主题有关的图片。将与主题相关的图片进行展示，请学员间交流与主题相关的信息，通过学员间的交流促进学员对主题的认识，从而实现学员与主题间的连接。

B. 播放与主题有关的视频。将与主题相关的视频进行播放，请学员观察视频中哪些与主题相关，这些内容对自己的工作和生活有哪些影响，也可以开展小组内容交流和代表分享活动。

C. 讨论与主题有关的案例。将与主题相关的案例展示、分发或讲述给学员，请学员思考与主题相关的问题，并将自己的思考与小组内或班内学员进行交流和分享，甚至按照案例中的信息进行角色扮演，让学员认识到自己与主题之间的联系。

D. 搜索与主题有关的信息。请学员拿出手机，现场上网搜索与主题相关的信息，然后学员之间交流在这个活动中有哪些发现。通过搜索和交流让学员自行建立与主题的连接。学员参与搜索的过程即是学习的过程。

E. 提问与主题有关的问题。准备与主题相关的问题，请学员选择感兴趣的话题分享自己的发现，由于所提问题本身与课程相关，学员在分享自己对问题的发现或理解的过程中已经与课程主题建立了连接。

F. 交流与主题相关的话题。请学员回答：在看到课程主题时，你特别想问一个什么问题？看到课程主题时，你想起一件什么事情？看到课题主题时，你想给同学分享什么？

G. 思考主题带给学员工作和生活的帮助。列举主题可能给学员的工作和生活带来的一系列帮助，请学员自主选择，每一个选择均是建立连接的过程。

H. 讲师介绍主题与学员的关系。讲师介绍主题与学员的关系，可能会发生连接，但一定是真正的联系，因为连接主体应该是学员，而不是讲师。所以，在学员与主题活动建立连接时，一定要有学员的参与。哪怕请学员说一下选择此课程的初衷也是一个不错的选择。

练一练：请结合要设计开发的课程，设计一个学员与学习主题的建立联系活动。

三、学员与学习内容建立联系活动

学员与主题建立连接抽象一些。之所以这么讲，是因为有时看到一个课程的主题就像看到一个箱子、一栋大楼，箱子里面有什么、大楼里面有什么，在没有看到之前都是想象，只有打开箱子、走进大楼，我们才能看清里面到底有什么。里面可能有很多，但如何找到重点，将这些重点内容设计出来并建立连接活动呢？

想一想：你有没有听说过“找不同”的学习活动？你心中的“找不同”活动是什么样子呢？

比如：请找出图 3–4 左右两张图的不同点。

图 3–4 “找不同”

显然，学习活动的“找不同”不完全是图 3–4 这样的。这里介绍的“找不同”是学员与课程内容连接的学习活动，是通过差异实现互教互学的活动。

案例：五四课程设计开发模型的“找不同”学习活动

应用场景：适用所有学员与课程内容建立连接的场景。

活动过程：

第一步，培训师需要将课程的核心内容以关键词的方式梳理出来；结合五四课程设计开发模型，梳理出37个关键词，这些关键词是课程的核心内容，期待所有学员都能够记住、会用、用好，如图3–5所示。

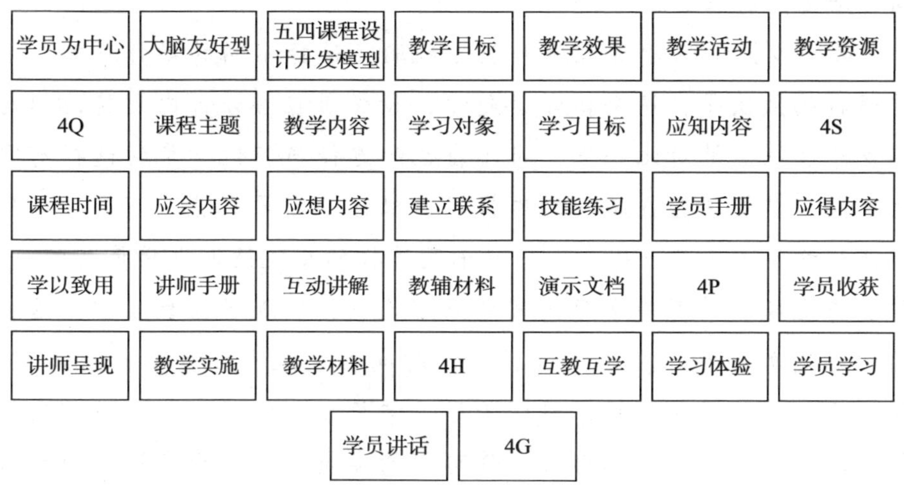

图3–5　课程的核心内容

第二步，将这些关键词呈现给学员。可以将梳理出来的关键词制作成一页演示文档，也可以设计出一份教学散页，也可以直接印制在学员手册上。如果学员人数多，又怕现场操作麻烦，投影展示一页演示文档即可，或者提前将“找不同”的教学散页放入学员手册里。如果关键词不多，也可以直接写在白板上。如果人数不多，你希望现场互动氛围好，打印出来也是非常不错的选择。不同的呈现方式，现场教学活动的操作有所不同。

第三步，请学员从所有的关键词中找出最渴望了解、最感兴趣、最有疑问、最需要学习的几个关键词。如果你为学员展示的是一页演示文档，就请学员将选择出的关键词写在记录本上；如果你为学员提供的是一份教学散页或印制在学员手册上，请学员用横线、圆圈或荧光笔标注出来。在学员选择关键词时，学员与学习内容便建立了连接。笔者通常会准备一张“找不同”的教学散页，根据课程的进程实施此教学活动，请学员选择不超过5个最感兴趣的关键词，并进行相应的标注。进行到第三步，真正的“找不同”活动还没有正式开始，因为每个人对同一门课程的需求点、兴趣点并不一样，而不一样是“找不同”的开始。因为有了每个人的不一样，“找不同”活动才有意义。

第四步，根据学员人数和教学经验，选择不同的操作策略。笔者通常的做法是：请全体学员起立，请学员在6分钟内到其他组与不少于3位学员对比一下，对比自己的选择与其他学员的选择有哪些不同。当发现存在不同的选择时，双方一定要交流一下是什么原因让双方的选择不一样，而针对不同选择的交流便促进学员与学员、学员与主题、学员与学习内容建立了连接，实现了互教互学，这样的学习更加自然。在这个过程中，时间和交流人数可以自行调整，但时间不宜超过8分钟，时间长了，学员的体验不好。如果首次操作此活动，担心现场不可控，你可以请学员在小组内交流，同样可以达到学员与学习内容建立连接的目的。

第五步，请学员回到座位上，结合刚才的“找不同”活动，梳理一下，有哪些是共同的关注点、哪些是差异的关注点，交流之后自己的选择是否需要调整，通过交流和自我检视活动，强化学员对选择内容的再次关注，加深印象，强化连接。

核心理念：“找不同”的核心理念是每个人找到个性需求，同时通过对比活动发现需求不同，通过差异选择的交流活动，促进学员与主题、学习内容、学习目标等内容的连接，而且在学员间发生了互教互学。

触类旁通：举一反三

其实，通过学员手册也可以达到学员与学习内容建立连接的目的。如果在课堂上，当你收到学员手册时，你想做的一件事是什么？

有没有想翻阅学员手册的想法？笔者在课堂上作过调研，大多数学员都有翻阅学员手册的好奇心。既然这样，可以顺势而为，将翻阅学员手册作为一次学员与学习内容建立连接的机会。如何做呢？

第一，如果在你的课堂上有学员手册，不要提前发，而是将学员手册发放设计成一次学员与学习内容建立连接的活动。

第二，将发放学员手册的活动设计成各组小组长服务学员的机会，请其到培训师处领取学员手册，然后由小组长为本组学员分发学员手册。

第三，既然学员在领到学员手册时最想翻阅，培训师此时可以指导学员快速阅读学员手册。首先，请学员打开学员手册目录，在目录上标注感兴趣的内容，然后请学员翻阅到相应的页码并作出标记，以便课程进行到此处时能够引起学员的特别关注。这样做的另一个好处是学员的好奇心得到满足，可以全心投入接下来的学习中，避免培训师讲课时学员还在翻阅学员手册的现象。

第四，对相应页码作出标记，实现学员与学习内容建立连接。如果还想进一步实现学员与学员建立连接，可以让学员之间交流一下各自在学员手册中做了哪些标记，也可以通过交换学员手册的方式实现学员间的连接。

练一练：请结合要开发的课程设计一个学员与学习内容的建立联系活动。

第三节　让学员与课程建立联系（下）

一、学员与个人学习目标建立联系活动

想一想：学员参加课程学习时，有个人学习目标与没有个人学习目标有什么不同?

目标是每位学员学习的方向，目标越清楚，学习效果越显著。所以，培训师在呈现课程时，需要设计学员与学习目标连接的活动。

比如：请学员在学员手册上写下当课程结束后我期待能够做什么、做到什么程度、取得什么成果等。

有读者可能会问，每堂课均有明确的学习目标，还需要每个人制定学习目标吗？笔者的回答是需要，原因在于课堂的学习目标在没有得到学员的认同前，只是培训师的一厢情愿，只有学员认同的学习目标才是有利于学习的目标。当然，课程目标与学员的个人目标一致最理想，学员个人目标的高与低并不是关注的重点，重点是要有目标。

回想一下，曾经上过的课，有没有除了培训师预设的学习目标外，还单独制定个人的学习目标。没有目标，如同“我要去旅游”；

有目标，如同“我要去某地旅游”。只有学员设定了明确的学习目标，学习的自我驱动力才会增强。

有三种做法：第一种做法是请学员打开学员手册，从学员手册中找到关于课程学习目标的内容，请学员结合课程目标列出自己的目标；第二种做法是请学员在记录本上写下课程期待的收获；第三种做法是我会准备若干个与课程相关的课程目标，请各组学员选出与课程主题最相符的课程目标。在学员进行相应选择的过程中就开始与学习目标建立连接，而且学员之间在选择的过程中也发生了交流，实现了互教互学。

练一练：请结合要开发的课程设计一个学员与学习目标的建立联系活动。

二、学员与学习成果建立联系活动

想一想：当学员发现，个人与课程预期成果强相关时，学员的学习动机会怎样？

学员与课程预期成果的相关性越强，学习动机越强。学员与学习成果的连接是建立信心的基础，当学员在开始学习之前就能够看到其他学习伙伴曾经的学习成果也会激发学员的学习动力，建立学习的自信心。比如：展示其他班级学员的成果；其他班组学员的现身说法。在五四课程设计开发模型工作坊上笔者会展示曾经的应用样例，甚至印制成册请学员翻阅或作为奖品赠送给学员，肉眼可见的成果是最有说服力的证明。

建立连接是新旧知识对话的桥梁，是学员与学员对话的桥梁，也是学员与知识对话的桥梁。所有连接活动不一定都做，如果能够设计一个多种连接的活动最好，既有学员间的连接，也有学员与主题间的连接，还有学员与学习内容间的连接，再有学员与学习目标间及成果间的连接，甚至可以建立学员与培训师间的连接。

练一练：请结合要开发的课程设计一个学员与学习成果间的建立联系活动。

三、学员与培训师建立联系活动

想一想：如果在你的课堂上，学员与培训师有诸多建立联系的地方，这意味着什么？

课堂上如何与学员建立连接呢？是自我介绍，还是向每位学员问好？是将自我介绍印在学员手册上请学员阅读，还是向学员推送自己的联系方式？以上方法会建立单向连接，没有交互。笔者常用的建立学员与培训师连接的方式叫“猜错”，具体的操作步骤是：

第一步，准备四条自己与课程主题或生活相关的信息放在演示文档中，确保四条信息中有两条与课程有关，两条与生活相关，并且有一条信息是错误的。

第二步，请学员在四条信息中识别出哪条信息是错误的。这个过程可以是讲师一条一条地说出，请学员现场回答；也可以请学员用现场调研问卷的方式回答，然后即时展示结果。

第三步，当学员有了相应答案后，讲师可以根据学员的回答情况选择性地进行自我介绍，让学员与培训师建立连接，无论是信任、兴趣、专业还是其他，良好的关系是开启学习的必要条件。

举例：关于培训师介绍错误的是哪一条？（　　）

A. 五四课程设计开发模型是培训师自主研发的

B. 从事学习发展工作 20 年

C. 山东人

D. 孩子上大学了

以上信息展示后，培训师提醒：请学员识别出关于培训师的自我介绍中哪一条是错误的。之所以没有请学员找出关于培训师自我介绍正确的信息，是因为找错会让学员更有成就感。

练一练：请结合要开发的课程设计一个学员与培训师之间的建立联系活动。

建立连接只是建立联系中的一个动作，连接是为了激励学员学习。其实，建立联系的另一个动作是引发学员关注，关注是为了引导学员参与。连接和关注是为了让学员积极主动地参与课程，引起学员对课程主题、目标、内容等相关内容的关注。活动的关键是聚焦学员，让学员认识到为什么要学习这门课程，与其有什么关系，从而引起学员的关注。

四、建立联系活动的原理

参与连接的活动是为了激活学员的右脑，连接活动的核心是让学员参与其中；交流研讨活动是为了激活学员的左脑，核心是让学员结合体验交流研讨。左右脑的交替使用会让学员的学习变得轻松、愉悦。

此刻所有建立联系的活动均要能够清晰地回答学员要提出的问题：为什么我要学习这些东西？对我来说这意味着什么？所有的活动均要向学员说明参与学习的理由，而且每个人均可依据个人的经验和体验参与交流研讨。

设计建立联系活动的关键要素是在设计建立联系活动时，结合课程主题和目标的前提下，做到如下几点：

一是要成立互动小组，如两人组、三人组或更多均可。

二是要有共同的参与活动，观看、阅读、回答、选择、体验等。

三是要有交流、研讨和分享的环节。

四是要关注时间。建立联系活动不宜时间过长。2 小时的课程，建立联系活动宜控制在 5~10 分钟；4 小时的课程，建立联系活动宜控制在 10~30 分钟；1 天的课程，建立联系活动宜控制在 30~45 分钟；2 天的课程，建立联系活动宜控制在 60~90 分钟；3 天以上的课程，建立联系活动宜控制在 90 分钟。

五是注重活动的引导。活动的引导反映培训师的功力，同样的教学活动，不同培训师呈现的效果有非常大的区别，主要区别在于是否能够读懂学员，并且根据读到的学员信息动态调整活动的操作细节，以期增强学员认真学习这门课程的信心。

案例：建立联系教学活动描述

建立联系的关键是让学员认识到所学内容与自己有关。接下来介绍一个学员与学员的建立联系活动。

（1）目的

学习应用四个小角与学员建立联系。

（2）核心概念

与学员建立联系、与课程内容建立联系、与自己的学习目标建立联系，四个小角组成。

（3）活动步骤

步骤一：请学员绘制一份四个小角并进行填写，如图 3-6 所示。

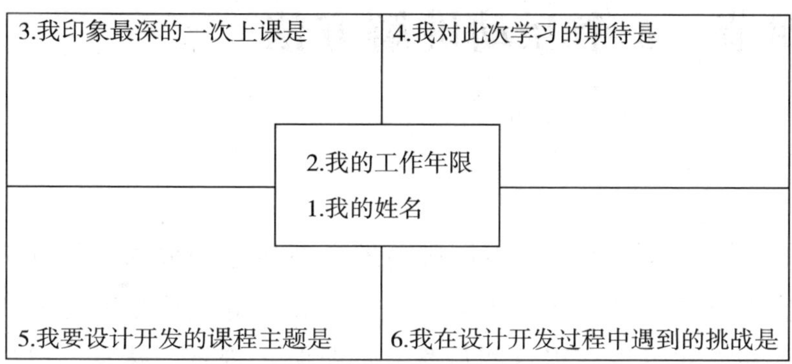

图 3-6　四个小角

步骤二：讲师请全体学员起立，到其他小组找不认识的伙伴交流。

步骤三：讲师介绍交流规则是握手、自我介绍、倾听对方。

步骤四：请学员返回小组，分享认识了几位伙伴、伙伴的内容是什么、自己学到了什么。

步骤五：请学员将自己的收获写到启发记录表上。

（4）用时

10 分钟。

（5）需要的工具

PPT、A4 纸张每人一张、碳素笔。

本节要点：建立联系活动的核心是让学员发现课程与其有关，学了不白学，对学员有好处。关键任务是建立连接，引发关注。重点介绍了学员与学员、学员与课程主题、学员与课程目标、学员与学习成果、学员与培训师间的连接活动。

第四节　5个互动讲解方法

在任何学习过程中都不可避免地有新概念的输入，而且有各种信息输入方式，如声音、视频、图片、文字等。这是因为人类有多重感官和方式可以获得这些信息，如听觉、视觉、味觉、讨论、思考、想象、体验等。

最常见的是培训师讲解，学员来听。如果是互动式讲解，就不仅仅有培训师的讲解，还有学员的反馈，在互动过程中实现互教互学。

想一想：在我们学习过的课程中有哪些是培训师讲得多，有哪些是学员参与得多？更喜欢培训师讲得多一些，还是学员参与得多一些？

讲解是非常必要的，每个人都有自己的认知边界，尤其是在自己不熟悉、不擅长的领域里更有认知边界。所以，讲解是传授知识和技能的必要动作，只是一种知识和技能传授的方式，除了言传，身教也是很好的传授方式。无论是言传还是身教，都是为了帮助受众更好地理解和接收所学的知识和技能。讲解是不是传递知识和技能最好的方式？未必，但至少有一点是肯定的，学员体验不一定最好，学员收获也不一定最透彻，原因在于学习的主角是学员，而单向讲解的主角是培训师。所以，即便是讲解概念，互动式讲解也较单向讲解好很多，至少关注的视角是从培训师转向了学员。学员的学习收获不是看培训师讲解了多少，而是看学员收获了多少。互动式讲解的最大好处在于培训师在与学员的互动过程中，能够收到学员最真实的反馈。培训师根据学员最真实的反馈调适教学内容及方式，促进以学员为中心，大脑友好型教学理念的落地。

练一练：如果请你选择一种互动式讲解的方式，向学员讲授五四课程设计开发模型的组成要素（见图 3–7），你会做出何种选择？（　　）

图 3–7　五四课程设计开发模型

A. 填空
B. 连线
C. 分类排序
D. 找错
E. 提问

以上方式均可以实现培训师与学员间的互动讲解，只是学员的参与度有所不同。

一、填空

应用场景：讲解的内容中有一些核心概念、关键数据等信息需要学员记住或理解。如果为了让学员备查，便可以采用填空的方式与学员互动。

填空过程如图 3-8 所示，活动过程如下：

第一步，将五四课程设计开发模型的部分内容空出来，可以空标题，也可以空标题下的内容，空出来的内容最好是非常核心的内容，千万不要全空出来，目的不在填空，而在于填空所引发学员的思考和互动。

第二步，将其制作成教学散页或放入学员手册中，甚至展示到演示文档上，请学员尝试在空出来的地方填写内容。

第三步，请学员互相交流各自填写的内容。

第四步，公布答案，请学员写下正确的答案。

核心理念：填空的方式，首先是一种与学员互动的方式，其次是有利于引发学员的思考，促进记忆，以及知识的备查。

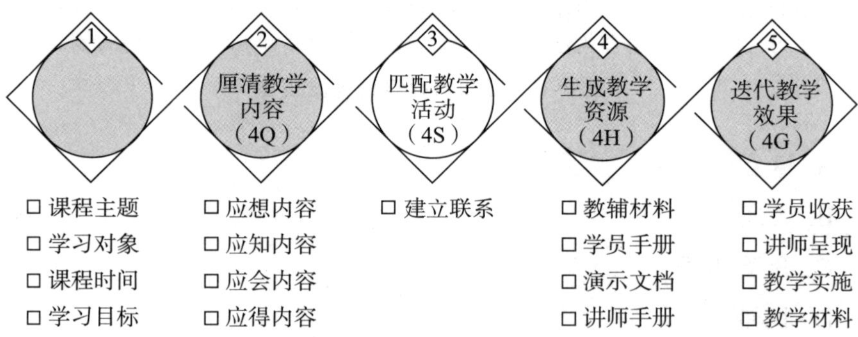

图 3-8　填空过程

二、连线

应用场景：讲解的内容需要学员理解、区分，创造学员间交流的机会，可采用连线的方式。

连线过程如图 3–9 所示，活动过程如下：

第一步，将五四课程设计开发模型的五个主题列在左侧，将每个主题包含的要素打乱顺序放在右侧，左侧可以用字母编号，右侧用数字编号，方便学员参与活动。

第二步，将其制作成教学散页或放入学员手册中，甚至展示到演示文档上，请学员将左右两侧相匹配的内容进行连线。

第三步，请学员之间互相交流一下各自的连线结果。

第四步，公布答案，请学员修正。

第五步，请连线完全正确的伙伴分享经验。

核心理念：学员通过连线加深对概念的理解，通过交流创造互教互学的机会。

	1.课程主题
	2.学习对象
	3.学习目标
	4.应想内容
	5.应知内容
A.教学目标	6.讲师手册
	7.应会内容
B.教学内容	8.应得内容
	9.课程时间
	10.教学材料
C.教学活动	11.建立联系
	12.互动讲解
D.教学资源	13.讲师呈现
	14.技能练习
	15.学以致用
E.教学效果	16.教辅材料
	17.学员手册
	18.演示文档
	19.学员收获
	20.教学实施

图 3–9　连线过程

三、分类排序

应用场景：讲解的内容需要学员理解、区分和排序，可采用分类排序的方式，创造学员交流的机会。

分类排序过程如图 3-10 所示，活动过程如下：

第一步，将五四课程设计开发模型中的每个要素制作成卡片，并将制作好的卡片装入信封。

第二步，请学员将卡片区分出包含关系和每个要素的顺序，并提醒学员要共同完成，看哪个小组先正确完成。

第三步，所有小组归类和排序完毕后，询问各小组还有没有需要调整的。如果没有需要调整的便请各组将排列好的成果拍成照片传到学习群里，展示团队成果。

第四步，公布答案，请学员修正；或者请各小组进行对比，然后询问各小组有没有需要调整的，如果没有需要调整的便公布答案。

第五步，小组代表分享在五四课程设计模型归类和排序中的困难是什么，是如何达成共识的。

核心理念：通过归类和排序，加深对概念的理解，通过交流创造互教互学的机会。

图 3-10　分类排序过程

四、找错

应用场景：课程内容中存在学员容易出错的地方，需要特别提醒学员注意，要正确理解，便可以应用找错的方式创造互动讲解的机会。

找错过程如图 3-11 所示，活动过程如下：

第一步，将五四课程设计开发模型中个别要素的包含关系作出错误调整，或将正确的内容刻意调整为容易混淆的选项。

第二步，请学员找出错误的选项。

第三步，所有学员找出后，请学员交流一下自己的选择。

第四步，培训师公布正确答案，请学员对比一下，记下正确的答案；或者培训师先不公布正确答案，请学员说出选择，直到全部错误找出，视为找错活动结束。

核心理念：通过找错，加深学员对概念的理解，加强判断力，通过交流创造互教互学的机会。

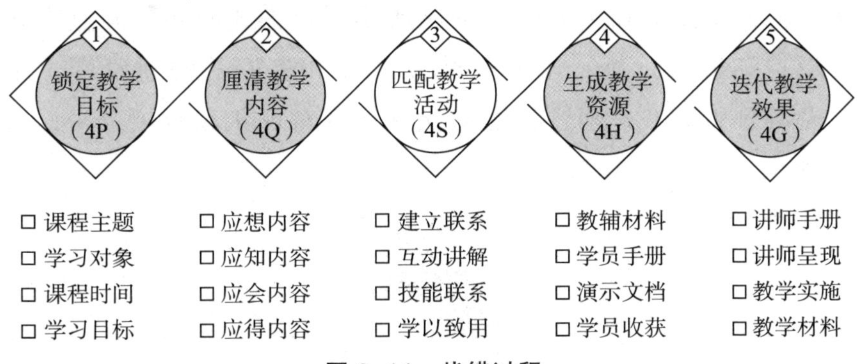

图 3-11　找错过程

五、提问

提问是最便捷的互动方式，在课堂上可以随时随地发生，看上去很容易，实际操作时却并非如此。有时提问比答案更重要，尤其是提出一个高质量的问题比较困难。

想一想：请识别哪些是开放式问题？（　　）

A. 通过此课程你有哪些期待

B. 哪些课程的内容是你关心的

C. 对于今天的课程你有哪些建议

D. 如果下次上课，你还会来吗

显然 A、B、C 三个选项是开放式问题，而 D 选项是封闭式问题。

问题通常可以分为开放式问题和封闭式问题。开放式问题通常没有统一的答案或者标准答案，而封闭式问题会有明确的选择。相对学员来讲，开放式问题看上去容易回答，但回答好不容易；而封闭式问题看上去较难选择，但回答起来会容易。

开放式问题有三种问法，即过去式问题、如何式问题和未来式问题。在实际教学和沟通中，少用或不用过去式问题，问过去式问题有指责和追责之嫌，不容易建立信任和良好的沟通氛围。多问如何式问题和未来式问题，容易让学员面对现状和迎接未来，如图 3–12 所示。

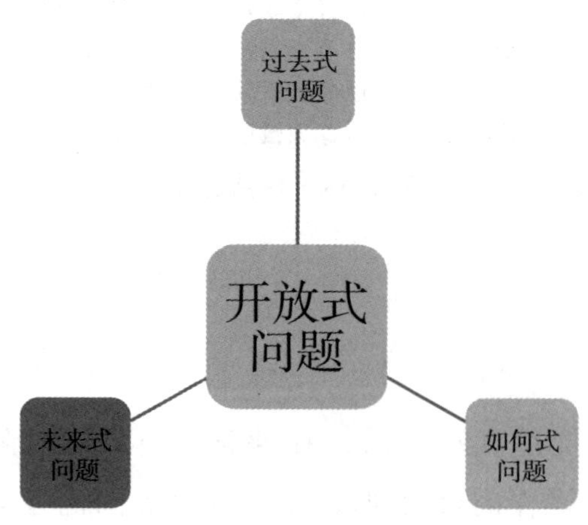

图 3–12　开放式问题分类

过去式问题，比如：

· 当初你为什么这样做？
· 当初做出那样的选择，你是怎么想的？
· 你为什么不这样做？

如何式问题，比如：

· 接下来你打算怎么做？
· 为了实现某个目标，你将如何做？
· 你将如何迎接即将到来的挑战？
· 如何取得你想要的结果？
· 如何采取下一步行动？
· 如果是最有经验的员工向你提出忠告，他会建议你怎么做呢？
· 如果费用是问题，你会如何做呢？

未来式问题，比如：

· 你希望未来达成的结果是什么？
· 下一步你准备如何行动呢？
· 你的目标达成以后会是怎样的？
· 如果你持续这样行动，三个月之后会有什么不同？
· 当你退休的时候，你会怎样看待这个阶段的变化呢？你会告诉现在的你什么呢？

开放式问题应用场景：在建立联系时，引发思考和讨论时均可使用开放式问题。

活动过程：

一是列举与课程主题、课程目标、学员、课程结果、生活等相关的开放式问题。

二是请学员自主选择感兴趣的问题进行回答。

三是请学员找到选择同一个问题的学员进行交流。

四是培训师为学员创造一个分享的机会。分享的内容为通过问题的回答和交流，从中发现了什么？通过分享强化对概念的理解。

核心理念：有参与就有认同。

基本原理：没有人愿意与自己的观点作对。

以下是笔者在五四课程设计开发工作坊中使用的一个开放式问题的活动：请学员**任意选择一个问题与身边的伙伴进行交流。**

· 我印象最深刻的一次学习经历是什么？

· 我体验过最难忘的教学活动是什么？

· 如果有人问我对此次学习的期待，我会说……

· 我最喜欢的一位培训师是谁？为什么会是他，而不是别人？

· 授课效果好的主要原因是什么？

· 我的课程设计开发代表作品是什么？

· 我最难忘的授课是哪一次，为什么这么难忘？

· 我最得意的一篇文章是什么？

· 我读过最好的一本书是什么？好在什么地方？

· 如果我有时间，最想设计开发和分享的一门课程会是什么内容？

触类旁通：每位学员选择自己感兴趣的问题回答后，可以在小组内相互交流或相邻两个人进行交流，也可以是各小组分别选择一个共同的话题进行交流和研讨。交流研讨后，不一定需要在全班范围内进行回答，学员参与了回答开放式问题的活动，各种连接便自然而然地发生了。

无论采取何种互动讲解的活动方式，这个环节的主导者是培训师，主角是学员。培训师基于让学员学会相应的知识和技能，培训师要做什么，学员要做什么，进而让学习有效地发生。

互动讲解时，培训师首先应用激活右脑的体验活动激活旧知，建立旧知与新知的桥梁，让学员建立对概念的感知和认知，如体验活动、视频观赏、培训师讲解、案例分析、问答活动、辨识活动等。

应用激活左脑的活动理解新概念，如互动讲解概念、学员阅读、学员阐述、与学员讲解概念直接相关的学习活动。

第五节　常见的互动讲解活动

在互动讲解环节中，培训师要作为新概念的权威者呈现关键内容，包括但不限于概念、分类、原则、流程、标准等内容。

下面介绍一些常见的互动讲解活动。

一、透过现实生活中的问题激活学员已知

应用场景：用现实生活中的问题激活学员已知，并且与新知识建立连接。

活动过程：

一是选择一个或多个能够激活已知的现实生活中的活动。

二是培训师引导学员以个人或小组的方式参与活动，通过参与活动让学员建立与新知识的连接。

三是培训师请学员以不同的方式分享活动的成果。

四是培训师结合学员的体验说明活动的价值和意义，并引出新概念，这样的结果是学员容易理解的。

比如：我们要讲解一个概念是梳理关键任务。作为培训师的你，为了让学员更好地理解梳理关键任务的概念，你会如何在现实生活中选择一个相关的问题呢？事实上，这样的例子非常多，比如：包

包子、包饺子、炒菜等。

如果我是培训师，我会这么设计激活学员已知的活动：你有一位同学马上要结婚了，非常不擅长做菜，为了确保婚后更幸福，他想向你学习几道拿手菜，你愉快地答应做他的培训师。现在面临的问题是：你打算教他做什么菜呢？这个菜的具体做法又是什么呢？于是你结合生活经验，帮助他列出了学习计划，首先学习的是醋熘土豆丝。

你作为培训师打算如何教会他这项技能呢？接下来以小组为单位，结合生活经验制作醋熘土豆丝的关键准备有什么，主要制作步骤是什么，每个步骤的要求是什么，以及关键注意事项是什么。然后，请各组展示本组的梳理成果。最后培训师告诉学员梳理制作醋熘土豆丝的过程，这就是在学习梳理关键任务的概念。

核心理念：越是新、奇、特的现实生活的问题，越容易激发学员的广泛参与。所以，选择一个与主题相关的生活场景非常重要。

触类旁通：观看醋熘土豆丝制作的视频或现场上网搜索醋熘土豆丝的做法，记录关键步骤或找出错误点。

二、案例分析

应用场景：为帮助学员学习新知识，培训师准备了真实或虚拟的案例帮助学员进行案例剖析，促进交流，以及新知识的连接。

活动过程：

一是培训师根据课程需要提前准备一个或多个教学案例。

二是培训师提前或现场分发给学员，并请学员在规定的时间内完成阅读或带着某个问题进行阅读。

三是请各组学员在组内进行交流分享，并选出代表在班内进行交流分享。

四是培训师或学员根据其分享给予反馈，并启发学员思考新概念。案例会让学员更容易理解新概念。

哈佛大学的戈森塔尔教授曾做过一个有名的实验，他让加州某中学校长从学校随机抽出 3 位培训师和 100 名学员，然后请该校长把 3 位培训师叫到办公室并告知他们是学校里最好的三位培训师。校长告诉他们，学校挑选了 100 名尖子学员组成了 3 个班级并分别交由他们执教，一年后，这 3 个班级果然成为全校最优秀的 3 个班级。后来，这 3 位培训师才知道，他们和 100 名学员只是学校随机挑选出来的样本。

活动过程：首先，请学员阅读案例并思考这个案例说明了什么；其次，请学员将自己的思考与其他学员进行交流，然后由讲师介绍激励的重要性。

核心理念：学员透过他山之石、前车之鉴连接新知，减少学员的认知负荷。

触类旁通：案例可以是培训师提前准备，也可以由学员来准备；既可以是文字表述的案例，也可以是视频；既可以是真实事件的记录，也可以是现身说法。案例选取时，一定要与阐述的概念相关。在案例分析时，可以是个人思考、团队研讨、情景演练，无论采用哪种方式，均需要学员通过案例分析的活动连接到新知识的学习。

三、自由探索活动

应用场景：在没有讲解新概念前，开展一些新概念的自由探索活动，通过自由探索活动强化对核心概念的理解和应用。常见的自由探索活动有：填空、连线、配对、判断、选择等活动。

活动过程：

一是将核心概念梳理出来。

二是将梳理出来的核心概念制作成填空、连线、配对、判断或选择等适宜的学习活动。

三是请学员根据个人的理解作答。

四是请学员交流作答结果。

五是请培训师公布正确答案，并请学员完善答案。

核心理念：每位学员通过自由探索与已知知识建立连接。

案例：关键事件描述法由哪四个要素组成

活动步骤：

一是请学员根据理解尝试回答关键事件描述法由哪四个要素组成，并写在学员手册上。

二是请学员交流答案，并分享个人的理解。

三是请讲师介绍关键事件描述法是由情景、任务、行为和结果四个要素组成。

四是在进行要素描述时，可以问如下问题：

情景：那是一个怎么样的情景？什么样的因素导致这样的情景？在这个情景中有谁参与？

任务：你面临的主要任务是什么？为了达到什么样的目标？

行为：在那样的情景下，你心中的想法、感觉和想要采取的行为是什么？

结果：最后的结果是什么？过程中又发生了什么？

五是请学员应用关键事件描述法描述一件曾经发生过的事情，请组员观察四个要素是否齐全。

触类旁通：自由探索活动的精髓是发挥学员的自主性、开放性，自由探索是自我认知的过程、是互教互学的过程。同一问题既可以探索一致的答案，也可以探索出不同的答案；既可以是封闭性问题，也可以是开放式问题，学员参与即学习。学员可以通过多种“形式”来参与——听、看、讨论、写、反思、想象、动手、向他人讲述等；既可以是一个人的探索，也可以是一群人的探索；探索是将未知变为已知的过程，探索的过程即是学习的过程。

练一练：请结合要设计开发的课程需要罗列可能应用的互动式讲解教学活动。

案例：互动讲解教学活动描述

教学内容：阐释概念。

教学活动：看一看。

看一看：教学活动操作步骤。

步骤一：请学员阅读建立联系教学活动，看一看有哪些教学活动已经使用过，还有哪些教学活动可以使用，却没有罗列在表中。

步骤二：讲师请学员结合自己的课程选择教学活动并编写活动操作说明。

步骤三：请学员将可能应用的教学活动填写到4S模板中。

时间：20 分钟。

所需准备材料：无。

第六节　实施技能练习

想一想：有多少次，我们在课堂上感觉都听懂了，但回到工作岗位上进行应用时还是无从下手？

原因可能有很多，但有一个原因就是在课堂上没有练习或练习得少。

技能练习是习得知识和技能的最好办法。只有在练习过程中才能真实地检视知识、技能的迁移情况。技能练习最核心的任务是学员要做什么，而培训师的任务是为学员设计练习活动，让技能练习发生。

所有的练习活动均需要围绕学习目标来设计。以记忆为目的的练习可以设计趣味答题，看谁记忆得对、快、多；以理解为目的的练习可以是分享活动、辨识活动等，主要看理解的一致性；而以应用为目的的练习，可以是案例分析、角色扮演、实际操作、沙盘模拟等，主要看任务是否完成，工具方法是否能够正确应用，成果是否达标。

在练习环节，学员需要多练习，培训师多辅导。

任何一次好的练习或实践活动都需要精心设计才会更有效果，无论是模拟还是实战，均是如此。技能练习的重点放在流程、工具和方法等的应用上，通过反复练习来习得相应的技能。

接下来重点介绍一种以应用为目的的技能练习方法。以应用为目的的练习通常要有既定的产出来证明学员已经学会了。在课堂上要练习的技能一定是直接支撑学习目标达成的技能，一旦选择了要练习的技能，就需要遵循技能练习活动设计的四步法：练习准备、规则讲解、示范练习和评估反馈。

一、练习准备

学员准备：必备的知识和技能，以及练习的基本条件。

讲师准备：技能练习指南，练习需要的设备、设施、工具、材料等。

二、规则讲解

培训师讲解：说给学员听，主要讲解活动规则和练习标准。互动式讲解在上一节中做了重点介绍，可以根据讲解需要设计互动活动。通常在技能练习环节要讲解的内容会变少，主要是讲解技能练习的规划和规范，目的是确保所有学员在技能练习环节达到认知一致。

学员复述：让学员说说看，主要检验学员的理解和接收情况，复述的内容主要是培训师讲解的活动规则和练习标准，目的是确保所有学员的理解一致。

三、示范练习

培训师示范：做给学员看，主要让学员清楚流程是什么、标准是什么。培训师示范时既要有分解动作，又要有连贯动作。示范过程中，学员不仅要记录，对于不明白的地方还要询问，确保理解一致，尤其是涉及安全的问题要有特别提醒和预防措施。

学员模仿练习：让学员做做看，学员按照培训师的示范进行反复练习，通常练习比较耗时，需要做好时间的统筹规划，处理好练习内容、学员人数、场地限制、时间等因素的关系，做到有限的时间、空间、特定的人数及任务的最佳匹配。同时，在学员练习过程中，培训师要做好观察，如果人数比较多就需要对观察过程进行设计。比如：两人学习小组，一个人操作，一个人观察；或三人学习小组，一个人操作，两个人观察等。无论采用何种分组方式，对于关键点的练习要重点观察，必要时在关键点的练习环节设置暂停复盘活动。

四、评估反馈

此处的评估反馈，与本章第七节落实学以致用为同一目的，即检验应用效果。

学员展示：学员按照技能练习的规则和标准进行正式的操作。与模仿练习环节最大的区别是，前者属于学习环节，而此处的学员展示属于验收环节。

培训师评估：培训师按照既定的标准评估学员的达标情况，并向其反馈技能结果。

为确保技能练习的有序、可控，需要像设计开发课程一样来设计技能练习指南。在实施技能练习活动前，要根据练习内容编制一份技能练习指南；在实施技能练习活动时，按照练习指南执行即可；在技能练习活动后，根据各方反馈迭代技能练习指南。

编制技能练习指南时可参照如下内容框架进行编制：

- **名称**：直接取自工作单元或培训内容所依据的信息。

· **陈述理由**：对学员的意义。

· **培训目标**：培训结束后了解或会做什么，可以视为对工作的要求。

· **学员条件**：培训前必须具备的知识、技能和态度。

· **培训资源**：数据、设备、工具和指导材料。

· **培训内容**：培训指南和结构化文本材料等。

· **培训活动**：让学员做好准备、实施培训、要求学员响应、提供反馈信息、评估绩效（过程、结果）。

· **绩效测试与反馈表**：确认学员是否成功实现了培训目标，包括绩效评级或认知测试。

· **辅助信息**：补充或丰富培训内容的辅助信息。

案例：技能练习设计与开发指南

一、名称

户内管道气密性实验。

二、陈述理由

能够承担户内管道气密性实验工作。

三、学习目标

学习结束后，学员能够检测管道压力，并排除压力异常故障。

四、学员条件

学习前必须符合入户服务行为规范的条件。

五、学习资源

数据、设备、工具和指导材料。

（1）学习环境：真实或仿真的户内管道气密性置换设施。

（2）工具材料清单（见表 3-1）。

表 3-1　工具材料清单

序号	名称	型号、规格、精度	单位	数量	备注
1	U 形压力计	0 ~ 5000 帕	个	1	
2	燃气具橡胶连接管（打压）	2 米	根	2	
3	检漏水		瓶	1	
4	管子钳	10 寸	把	2	
5	活动扳手	12 寸	把	1	
6	生料带		卷	10	
7	表接口垫片		只	20	
8	登记表		份	10	
9	笔		支	2	
10	工具箱或工具包		个	2	
11	鞋套		双	20	
12	工作布		块	2	
13	十字螺丝刀	200 毫米	把	2	

（3）压力测试数据登记表（见表 3-2）。

表 3-2　压力测试数据登记表

序号	用气地址	压力值	标准范围	结果

六、学习内容

（一）气密性检查

（1）作业前穿戴劳保用品（手套）。

（2）关闭总阀。

（3）确认表具能够正常过气（IC 卡表）。

（4）给表后管打压。

（二）压力检测

（1）U 形压力计垂直放置。

（2）U 形压力计连接灶前阀门管无折叠。

（3）U 形压力计水柱内无气泡。

（4）U 形压力计不发生冲表。

（5）压力范围在 3500~4500 帕。

（6）压力保持在 5 分钟以上。

（三）测试记录与反馈

（1）测试不合格分析，漏点排查（漏点：灶前阀与表接口连接处）。

（2）测试合格按 U 形压力计实际数据详细登记。

（四）工作现场清理

料净场清；物归原位。

七、学习活动

1. 让学员做好准备

（1）说明培训的目的和原因：学员学习后能够独立承担户内管道气密性实验工作。

（2）确定学员是否具备培训条件：学习前必须符合入户服务行为规范的条件。现场进行询问，如果不会，培训师给学员间进行辅导。

（3）说明安全与质量方面的一般要求：U 形压力计防摔；时间保持和读数准确。

（4）说明如何培训：讲师讲授 + 现场演练 + 互教互评。

（5）问学员是否有与培训相关的疑问：讲师现场询问学员是否有问题，并进行针对性的回答。

2. 实施培训

（1）让学员就位。请学员 2 人一组形成学习伙伴。

（2）说明操作、设备或工作流程的总体情况。请学员按照工具设备清单进行现场检查和确认，确保齐全和正常使用。

（3）说明工作单元，讲师讲解气密试验由四个工作单元组成。气密性检查、压力检测、测试记录和反馈、现场清理。

（4）讲解和演示每个工作行为（见表 3-3）。

表 3-3 讲解和演示每个工作行为

工作步骤	行为标准
1. 气密性检查	作业前穿戴劳保用品（手套） 关闭总阀 确认表具能够正常过气（IC 卡表） 给表后管打压
2. 压力检测	U 形压力计垂直放置 U 形压力计连接灶前阀门管无折叠 U 形压力计水柱内无气泡 U 形压力计不发生冲表 压力范围在 3500~4500 帕 压力保持 5 分钟以上
3. 测试记录与反馈	测试不合格分析，漏点排查（漏点：灶前阀与表接口连接处） 测试合格按 U 形压力计实际数据详细登记
4. 工作现场清理	料净场清；物归原位

（5）解释具体的安全与质量要求。压力计防摔、打压防过高。

（6）对整个工作单元作出总结。讲师询问学员整个工作单元由哪四部分组成，并请学员相互提问和判断。

3. 要求学员响应

（1）让学员说明操作、设备或工作流程的总体情况。

（2）让学员说明工作单元的总体情况。

（3）让学员讲解和演示每个工作行为。

（4）让学员解释具体的安全与质量要求。

（5）让学员对整个工作单元作出总结。

4. 提供反馈信息

（1）告诉学员他的反应是否符合要求。

（2）对错误的地方进行指导。

（3）指出工作环境中的提示信息。

5. 评估绩效

（1）评价学员自我汇报。

（2）评估绩效测试结果。

（3）记录学员绩效。

八、绩效测试与反馈表

确认学员是否成功实现了学习目标，包括绩效评级或认知测试。

附件 1：户内管道气密性实验技能测试试题

九、辅助信息

怎样正确使用 U 形压力计（略）

案例：户内管道气密性实验技能测试试题

户内管道气密性实验考生准备

一、鉴定范围

户内管道气密性实验

二、考生准备

1. 本题分值：100 分

2. 考核时间：30 分钟

3. 考核形式：实操

4. 工具（见表 3–4）及其他准备

表 3–4　工具

序号	名称	规格、精度	单位	数量	备注
1	工作服		套	1	
2	胸卡		个	1	

户内管道气密性实验考场准备

一、鉴定范围

户内管道气密性实验

二、考场要求

1. 考核场地整洁规范，无干扰

2. 考核场地户内燃气管道设施安装到位，包括燃气表具、阀门

三、考场准备

1. 考核时间：30分钟

2. 考核形式：实操

3. 设备设施准备（见表3-1）

说明：考核前需要提前安排熟悉此业务的人员模拟用户，并进行演练。

附表：压力测试数据登记表（见表3-2）

户内管道气密性实验实操试题

一、题目名称

户内管道气密性实验

二、试题内容

1. 考核内容

某小区×号楼×单元601，户内置换，需要进行燃气管道气密性实验；张先生　电话：

三、考核要求

1. 本题分值：100分

2. 考核时间：30分钟

3. 考核形式：实操

4. 注意事项

（1）超时未完成分值全部扣除。

（2）压力不达标，或者修复后压力测试仍然不合格。

户内管道气密性实验技能配分与评分标准见表3–5。

表3–5 技能配分与评分标准

工作步骤	行为标准	是否做到
气密性检查	作业前穿戴劳保用品（手套） 关闭总阀 确认表具能够正常过气（IC卡表） 给表后管打压	
压力检测	U形压力计垂直放置 U形压力计连接灶前阀门管无折叠 U形压力计水柱内无气泡 U形压力计不发生冲表 压力范围在3500~4500帕 压力保持5分钟以上	
测试记录与反馈	测试不合格分析，漏点排查（漏点：灶前阀与表接口连接处） 测试合格按U形压力计实际数据详细登记	
工作现场清理	料净场清；物归原位	

以上介绍的是一个以应用为目的的技能练习活动设计的完整要求，不但适用于课堂，而且适用于在岗实践；不但适用于操作技能练习，而且适用于智慧技能练习。读者可根据教学需要选择性使用即可，无须生搬硬套。

技能练习活动需要紧紧围绕课程的学习目标进行设计，练习的主角是学员，培训师既是导演又是学员练习的设计者。在设计技能练习活动时，需要明确地回答为什么学习、学习目标练习什么，用什么方式、方法练习，需要多长时间，要做哪些准备，如何检验练习效果。

练一练：根据要设计开发的课程所需匹配相应的技能练习活动。

案例：技能练习教学活动描述

1. 目的：请学员体验分组方案设计

2. 核心概念：成立学习小组

3. 活动步骤

步骤一：培训师请学员根据以下信息设计分组的方案。6 个课题、桌椅 6 组、30 位学员、场地 200 平方米。

步骤二：各学习小组展示分享方案，集体投票选择出好的分组方案。

4. 用时：5 分钟

5. 所需要的准备

本节要点：在课堂上要练习的技能一定是直接支撑学习目标达成的技能，一旦选择了要练习的技能，就需要遵循技能练习活动设计的四个步法：练习准备、规则讲解、示范练习和评估反馈。

练习的主角是学员，培训师是学员练习的设计者。在设计技能练习活动时，需要明确地回答练习什么，练习的方式、方法及要求，需要时长，所需准备，如何评估。

第七节　落实学以致用

学习环境与工作环境越一致，知识技能的迁移效果越好。所以，在课堂上所进行的技能练习活动理论适用于工作环境中的学习和实践。从学习的视角看，学员在没有独当一面之前，结构化的在岗学习也是需要的。

将学以致用作为课程设计开发的一部分，说明课程设计开发并不局限于课堂，需要从学员达成学习目标的视角来设计教学过程。完整的学习过程要有应用环节，还要评估学员的应用情况。所以，在学习致用环节同样需要设计应用活动，无论是在课程中还是回到工作岗位，均需要设计并且推动应用发生。

在这个环节学员需要完成两项任务：一是个人对所学知识进行总结、评估和自我激励，独立计划并完成学习任务；二是分享实践成果，呈现报告，进行展示或彼此交流。学员应对培训结束后如何利用新知识、掌握新技能制订计划。

想一想：*在以往的课堂学习中，有哪些让你印象深刻的学以致用的活动？*

比如：一句话总结、写一份学习总结、制订行动计划、开展一次实践评选、撰写一份实践案例、进行一次应用实践分享活动、录制一段学以致用的视频并进行评优等。学以致用活动，有的在课堂上便可以实现。比如：在实训基地进行设备类的教学，在电教室进行软件类操作。

也有的在课堂上不具备应用的条件。比如：与客户的沟通、向客户销售产品、解决客户关心的问题。类似的技能，更多是通过模拟来实现，回到工作单位学员自主开展应用活动，或者由学员的领导或者是培训的组织者来推动学以致用的活动。

一句话总结活动：请学员结合课程所学应用目睹、感受、行动的结构对本课程的学习进行总结。

写一份学习总结：请学员结合课程完成不低于500字的学习总结，学习总结体现课堂中的核心内容。

制订行动计划：请学员写出三个收获、两个启发和一个行动计划，并将行动计划分享到群里。

录制一段视频：请学员回到工作场所，应用所学录制一段标准视频，在一周后分享到群里。

想一想：学以致用的难点在哪里？

学以致用的难点在于学习内容与应用场景的匹配度。匹配度越高，学以致用越容易；反之，越难。通常一项新技能如果是岗位必需的，学以致用会容易；如果不是岗位必需的，学以致用全靠自律。当学员通过应用发现新知识和新技能的好处或养成了新习惯，才会自发地去应用新技能。否则，非常容易回到原有的习惯上。

学以致用是学习的新起点。学以致用的好坏受很多因素的影响。如果仅仅是一次课程的学习，在学以致用环节没有组织保障或应用场景的情况下，很多的课程纯靠自驱和自律是很难达到理想效果的，除非学习的内容与日常工作息息相关，时时需要，不用不行。

最好的办法是将所学内容在课程上进行应用，确保学员现场学会。实际上，很多课程的应用场景是在真实的工作场景才可以发生，所以，需要靠学员主动、制度保障、组织驱动等策略才可以推动学以致用。这就需要在课程设计时考虑有限的时间内要实现的教学目标是什么，围绕教学目标设计学以致用活动。

练一练：结合所学，请为自己的课程设计一个学以致用的活动？

案例：学以致用教学活动描述

1. 目的：体验成立学习小组的过程

2. 核心概念：成立学习小组

3. 活动步骤

步骤一：每个课题有 3 人，小组派出工龄最长的人。

步骤二：抽签形成新的小组组合。

步骤三：握手表达合作学习意愿。

步骤四：合作学习小组调整。

步骤五：选出小组长，抽签确定组名（与课题核心内容相关）。

步骤六：领取并发放学员手册。

步骤七：请学员找出关注点。

步骤八：提醒：每半天组织绘制小组学习园地、分享、练习等学习活动。

步骤九：激励方式：个人启发和小组启发最多、圆点最多。

4. 用时 5 分钟

5. 需要的准备

本节要点：在课堂上要结合实际工作场景开展学以致用活动，有条件的在课堂上进行，课堂上不具备条件的组织学员在实际工作中进行应用。学员真正用起来，才证明学会了。

本章总结：4S 匹配教学活动工具

当阅读到此时，我们已经完成了匹配教学活动中的建立联系、阐释概念、技能练习和学以致用的学习。当我们将厘清的教学内容与教学活动进行有效的匹配后，便形成教学设计，教学设计是课程开发的前提和依据，也为第四章的学习奠定了坚实的基础。

结合自己要设计开发的课程内容，将教学活动填写到 4S 匹配教学活动工具表（见表 3–6、表 3–7）。

表 3–6 4S 教学活动匹配参考

教学模块	教学内容	教学活动	时间分配 / 分钟
建立联系	1. 应想：重要性、价值、意义、影响、作用、目标	2. 学习活动：找不同、猜对错、提问、新闻热点	用时： 2 小时课程：5~10 分钟 4 小时课程：10~30 分钟 1 天课程：30~45 分钟 2 天课程：60~90 分钟 3 天以上课程：90 分钟
阐释概念	1. 应知：定义、类别、原则、要素、流程、工具、方法、规则、标准、注意事项	2. 学习活动：选择感兴趣的话题；对知识点分类排序；分享个人学习目标；梳理现实工作问题；案例分析；关键知识点填空、相关连线、视频讨论	用时：坚持 90/20/8 法则，即模块时长不超过 90 分钟，每 20 分钟变换一下主题或活动方式，每 8 分钟调动学员参与一次
技能练习	1. 应会：情景、任务、行为、结果	2. 学习活动：一句话总结、学员手册做记录、绘制概念图、一句话分享、知识技能竞赛、操作练习、情景演练、案例分析	用时：坚持 90/20/8 法则，即模块时长不超过 90 分钟，每 20 分钟变换一下主题或活动方式，每 8 分钟调动学员参与一次
学以致用	1. 应得：解决方案、工作手册、行动方案、知识模型、收获、启发等	2. 学习活动：识别对错、参与考试、制订行动计划、分享学习启发、庆祝活动	用时： 2 小时课程：5 分钟 4 小时课程：15 分钟 1 天课程：15~30 分钟 2 天课程：30 分钟 3 天以上课程：60 分钟

4S 教学活动匹配表

P1. 课程名称：______________________________

P2. 培训学员：______________________________

P3. 课程时长：________________________________

P4. 学习目标：________________________________

表 3-7　4S 教学活动匹配表

教学模块	教学内容	教学活动	教学过程描述	时间分配 / 分钟
开场	Q4. 应想内容：	S1. 建立联系教学活动：	步骤一： 步骤二：	
模块一	Q4. 应想内容：	S1. 建立联系教学活动：	步骤一： 步骤二：	
	Q3. 应知内容：	S2. 互动讲解教学活动：	步骤一： 步骤二：	
	Q2. 应会内容：	S3. 技能练习教学活动：	步骤一： 步骤二：	
	Q1. 应得内容：	S4. 学以致用教学活动：	步骤一： 步骤二：	
模块二	Q4. 应想内容：	S1. 建立联系教学活动：	步骤一： 步骤二：	
	Q3. 应知内容：	S2. 互动讲解教学活动：	步骤一： 步骤二：	
	Q2. 应会内容：	S3. 技能练习教学活动：	步骤一： 步骤二：	
	Q1. 应得内容：	S4. 学以致用教学活动：	步骤一： 步骤二：	
模块三	Q4. 应想内容：	S1. 建立联系教学活动：	步骤一： 步骤二：	
	Q3. 应知内容：	S2. 互动讲解教学活动：	步骤一： 步骤二：	
	Q2. 应会内容：	S3. 技能练习教学活动：	步骤一： 步骤二：	
	Q1. 应得内容：	S4. 学以致用教学活动：	步骤一： 步骤二：	
收场	Q1. 应得内容：	S4. 学以致用教学活动：	步骤一： 步骤二：	

第四章
生成教学资源

生成教学资源，也就是我们常说的课程开发环节。在进行教学资源开发前，首先要规划开发哪些教学资源，然后再去开发或生成教学资源。在生成教学资源的过程中，需要围绕教学目标，将教学内容以及教学活动按照预设的交付场景呈现出来。这个环节属于教学资源的开发范畴，回答“有何物”的问题。

教学资源通常按照培训师、学员、组织者的角色进行设计，主要由四个方面的组件组成，简称 4H（Have），分别为 H1 讲师手册、H2 学员手册、H3 演示文档和 H4 教辅材料，具体需要哪些教学资源是由教学目标实现、交付场景的条件及讲师的开发能力决定的，如图 4-1 所示。

特别需要提醒的是，规划越精准，开发效率和质量就越高。同时，需要认识到，规划和开发是动态的，而非静态的，时常会出现在开发过程中调整前端规划的可能性，也会出现前面规划调整后，开发的资源需要重新进行调整。

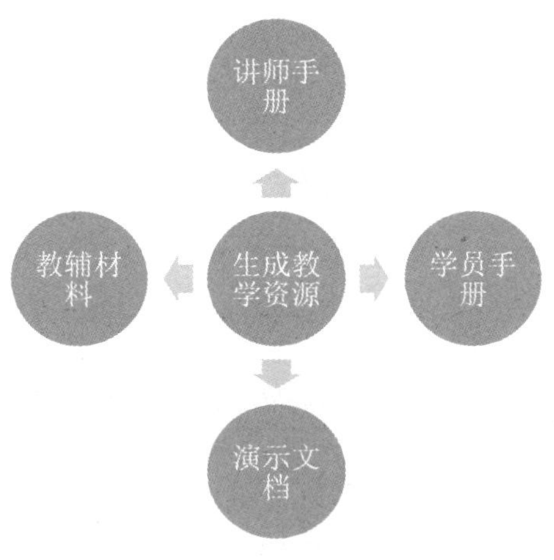

图 4-1　教学资源

想一想：教学目标、教学内容、教学活动都确定了，接下来要做什么呢？

第一节　教学资源的 4 项材料

规划教学资源，并按照规划进行开发，进而满足课程交付需要。

一、教学资源规划

教学资源规划主要是考虑教学时要用到什么。基于教学设计，围绕交付场景确定要开发什么，开发成什么样。通常课程开发组件包括 H1 讲师手册、H2 学员手册、H3 演示文档和 H4 教辅材料，但不限于此。规划的基本原则是需要什么、规划什么、开发什么，但凡需要在教学设计中需要满足教学需要的均需要开发出来。比如：需要即时调研工具，便可在 H4 教辅材料中说明要应用的软件，以及调研的内容和要求，也可能有视频资料、挂图、教具等。

H1 讲师手册：服务于培训师的教学需要，详细描述授课流程与讲解内容。同时，讲师手册有利于教学过程的标准化，方便课程的传承，尤其是有不同的培训师认证同一门课程时，讲师手册可以保障授课效果趋于一致，避免每位培训师对于同样的课程而教学过程截然不同。

H2 学员手册：为学员提供的课堂记录、练习和课后实践的材料，可用于课前预习、课堂互动，也可用于课后备查。

H3 演示文档：辅助讲师授课的工具，显示关键授课内容，以及活动指引。通常包括：演示文档封面、讲师介绍、课程目标、课程安排、课程模型、辅助内容、演示文档底页等。

H4 教辅材料：教学辅助材料是根据教学过程的需要有针对性地设计辅导教学的内容，最终形成 4H 教学资源规划表（见表 4–1）。

练一练：根据要开发的课程应用 4H 教学资源规划表（见表 4–2）进行教学资源开发规划。

二、开发教学资源

想一想：教学资源开发的依据是什么？

依据教学资源开发规划进行教学资源开发，通常包括讲师手册、学员手册、演示文档和教辅材料等。核心组件是讲师手册和学员手册，尤其是讲师手册，讲师手册是最完整的教学指南。

表 4-1　4H 教学资源规划表

P1. 课程名称：________________
P2. 培训学员：________________
P3. 课程时长：________________
P4. 学习目标：________________

教学步骤	教学内容	教学活动	教学过程描述	时间分配/分钟	所需资源	H1 讲师手册	H2 学员手册	H3 演示文档	H4 其他
开场	Q4. 应想内容：	S1. 建立联系教学活动：							
模块一	Q4. 应想内容：	S1. 建立联系教学活动：							
	Q3. 应知内容：	S2. 互动讲解教学活动：							
	Q2. 应会内容：	S3. 技能练习教学活动：							
	Q1. 应得内容：	S4. 学以致用教学活动：							
模块二	Q4. 应想内容：	S1. 建立联系教学活动：							
	Q3. 应知内容：	S2. 互动讲解教学活动：							
	Q2. 应会内容：	S3. 技能练习教学活动：							
	Q1. 应得内容：	S4. 学以致用教学活动：							

续表

教学步骤	教学内容	教学活动	教学过程描述	时间分配/分钟	所需资源	H1 讲师手册	H2 学员手册	H3 演示文档	H4 其他
模块三	Q4. 应想内容：	S1. 建立联系教学活动：							
	Q3. 应知内容：	S2. 互动讲解教学活动：							
	Q2. 应会内容：	S3. 技能练习教学活动：							
	Q1. 应得内容：	S4. 学以致用教学活动：							
收场	Q1. 应得内容：	S4. 学以致用教学活动：							

表 4-2　4H 教学资源规划表

P1. 课程名称：好课是设计出来的——五四课程设计模型
P2. 培训学员：专职、兼职培训师（25 人）
P3. 课程时长：28 课时
P4. 学习目标：学员结合选题，应用五四课程设计开发工具，完成一门 4 学时课程包

模块	模块时间 / 分钟	单元	教学活动	教学过程描述	时间 / 分钟	资源 / 专家确认	H1 讲师手册	H2 演示文档	H3 学员手册	H4 教辅材料
开场	10	找不同	试一试	步骤一：讲师展示 PPT 或发放找不同的散页，并请学员在众多关键词中找出自己关注的内容，写在笔记本上，或记录在手机上，并发送文字或拍照发到群内共享自己的关注点。步骤二：讲师询问伙伴是不是都相互全部认识(课前要有所了解)。请全体学员起立，到其他组找同学交流自己的选择。具体要求是：找到交流对象；问好；握手；介绍自己；介绍自己关注的内容及理由；听取对方的介绍和关注。步骤三：介绍检验交流的效果。交流有 5 人以上举手。强调交流要关注数量和质量，尤其是交流的质量。通过交流，学员与内容学员与学员间建立联系。步骤四：学员思考有哪些启发，自己的课堂如何使用	5	印制散页，30 份	试一试：找不同	试一试：找不同		找不同挂图
			练一练	步骤一：讲师展示操作步骤。步骤二：请学员进行练习，并提醒学员首先梳理课程的关键词；其次是随机排序，选择适合的呈现载体（演示文档、纸质文档或 UMU 等），然后撰写操作说明并在小组内试用，根据反馈意见进行完善	5	教学散页或演示页	练一练：找不同	练一练：找不同	学一学：找不同活动要点 练一练：找不同空格	

第二节 开发讲师手册

讲师手册是教学资源之一，是依据教学资源规划编制而成的。讲师手册是指导培训师完成教学活动的指导性文件。讲师手册中对教学设计大纲中规定的教学步骤和要求进行了清晰地描述。培训师依据讲师手册便可以实施讲授活动，课前是教学指导手册，课中是授课进程指引，课后是授课备忘录，更是智慧沉淀。

如果一门课程的使用频率很高，需要更多的培训师具备授课能力，便可以组织更多的培训师来认证这门课程，而需要认证的新培训师便可以依据讲师手册进行学习。这既是对某一门课程教学活动的规范，也是课程复制、传承的基础性工作。

讲师手册并非一成不变，对于新培训师最好不要大幅度地更改讲师手册，而是遵循“先学习，后应用，再完善”的原则。这样做的目的是希望新人站在前人的肩膀上成长，而不是从零开始。

当然，如果你有足够的能力和时间，非要从零开始，重新设计也不一定是坏事，或许这样更能创造出适合本人风格的讲师手册。编制讲师手册虽然有价值，但是编制过程耗时耗力。如果一门课面授频率高，而且需要多名培训师去传授，最适合编制讲师手册；反之，编制讲师手册就不一定是最佳方案。

如果不编制讲师手册又想达到预期效果，要么将教学设计大纲描述详细一些，要么将演示文档或备注描述详细一些。总之，需要在面授前对面授过程做好设计和充分准备。否则，教学过程和教学效果就不可控，课堂上的随机性会给培训师带来诸多的无形压力。

讲师手册的纲要与教学资源规划一一对应，是对教学资源规划的完整呈现和详细描述。如果说教学资源规划属于设计阶段，而讲师手册便属于开发环节。当然，开发环节还包括学员手册、演示文档等内容。讲师手册的核心内容包括每个部分的目标、核心概念、活动步骤、用时、所需要的准备等详细说明。

一、讲师手册封面

讲师手册封面通常会体现单位或项目 logo、课程名称、讲师手册、单位、日期，如图 4-2 所示。

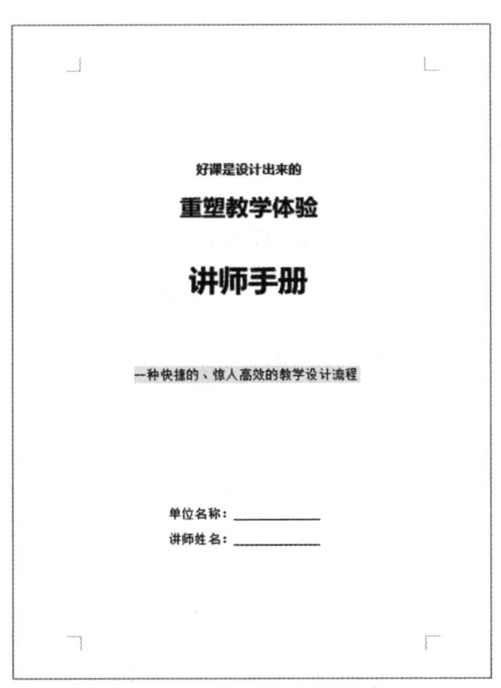

图 4-2　讲师手册封面

二、教学材料说明

在教学材料说明中体现其归属、使用对象、课程版本、课程开发人、最后更新日期、课程更新人、全部教学材料信息（讲师应用材料、学员使用材料、课堂辅助材料）。

案例：教学材料说明

本手册为某机构某课程的讲师材料的一部分，与课程 PPT、学员手册及教学资料配套使用。建议讲师课前充分阅读本手册，并根据相应的教学指引进行课前准备。

使用对象：本课程的认证授课讲师

课程版本：2019V1.0

课程开发人：

最后更新日期：

课程更新人：

全部教学材料信息：

表 4-3　教学材料信息

教学材料	分项说明			
讲师材料	□讲师手册	□全套学员手册	□音视频	□ PPT
学员材料	□学员手册	□参考手册	□提示卡	□测试问卷
课堂教学材料	□挂图	□道具	□散页	

三、讲师手册目录

讲师手册由四部分组成，分别是第一部分课程信息、第二部分教学流程与标准、第三部分教辅材料和第四部分改进建议。在课程信息部分包括概要、课堂教学材料、培训评估方式、教室布置、课前准备、培训日程安排。在教学流程及标准部分包括模块计划、单元内容、教学过程详细描述和特别说明的内容。教辅材料包括资源规划中生成的所有辅助内容。在改进建议中主要包括模块、页码、问题、修改建议。

目　录

第一部分：课程信息

1. 概要
2. 课堂教学材料
3. 培训评估方式
4. 教室布置
5. 课前准备
6. 培训日程安排

第二部分：教学流程及标准

模块一：开场

模块计划

单元 1：讲师介绍

单元 2：课程导入

模块二：

单元 1：

第三部分：教辅资料

第四部分：改进建议

版权声明

四、课程信息

在第一部分课程信息中包括概要、课堂教学材料、培训评估方式、教室布置、课前准备、培训日程安排。

第一部分：课程信息（示例）

1. 概要

课程信息见表 4-4。

表 4-4 课程信息

课程名称	
课程编码	
课时	
培训形式	
课堂学员人数	
目标学员	
课程目标	

2. 课堂教学材料

课堂教学材料见表 4-5。

表 4-5 课堂教学材料

课堂材料	用途
讲师手册	用于指导讲师进行课程的引导与管理，记录教学活动、步骤、讲述内容等，还包括录像脚本及其他案例资料
学员手册	用于学员记录知识要点、课堂笔记及活动练习
分发材料	用于在课堂上分发，支持教学活动
其他	用于引导教学活动的各种工具、贴图、教具等，在讲师手册中对每个活动所需要的材料都进行了详细的说明

3. 培训评估方式

为迭代教学效果所进行的活动，如学员满意度调查，详细内容可作为附件放在本手册的教辅材料部分。

4. 教室布置

分几组，每组多少人，各组布局图，详细内容可作为附件放在本手册的教辅材料部分。

5. 课前准备

（1）课程开始之前，熟知以下内容：

□讲师手册

□学员手册（可能包括案例、练习、阅读资料等）

□ PPT

□散发材料

□其他

（2）预先准备下列工具：

为满足教学需要所做的所有准备及要求。

6. 培训日程安排

培训日程安排见表 4-6。

表 4-6 培训日程安排

模块	内容	时间

五、教学流程及标准

在第二部分教学流程及标准中包括开场、模块一、模块二……最后是收场。每一模块包括本模块目标，以及支持目标实现的单元、单元名称、教学内容、时间、所需资料的描述。每个单元中需要对教学的全过程进行详细描述，确保培训师拿到手册即可看到全貌，并且可以直接使用。

第二部分：教学流程及标准（示例）

模块一：

模块目标见表 4-7。

表 4-7　模块目标

模块目标：				
单元	单元名称	教学内容	时间	所需资料

单元一：（××分钟）

单元一教学内容见表 4-8。

表 4-8　单元一教学内容

教学内容（4P 内容）	教学活动描述（4S 内容）	特别说明

（一）教辅材料

在第三部分教辅资料中包括教学设计中规划的教辅材料。教学辅助材料通常会根据教学节奏安排相应的活动，有的可以提前分发给学员，有的需要在活动需要时出现。所以，教辅材料按照教学资源规划生成，按照教学活动描述使用。

第三部分：教辅材料（示例）

1.×× 视频

2.×× 教具

3. 学习园地

学习园地见表 4–9。学习园地通常应用图形或关键词的方式记录课程学习情况，并通过对图形或关键词的分享来回顾课程学习收获。

表 4–9　学习园地

<table>
<tr><th colspan="2">时间</th><th>第一组</th><th>第二组</th><th>第三组</th><th>第四组</th></tr>
<tr><td rowspan="2">第一天</td><td>上午</td><td></td><td></td><td></td><td></td></tr>
<tr><td>上午</td><td></td><td></td><td></td><td></td></tr>
<tr><td rowspan="2">第二天</td><td>上午</td><td></td><td></td><td></td><td></td></tr>
<tr><td>下午</td><td></td><td></td><td></td><td></td></tr>
</table>

4. 积分表

积分表见表 4–10。积分表是用来记录各学习小组在参与课程互动过程中的积分情况，通过积分促进各小组的学习积极性。

表 4–10　积分表

<table>
<tr><th colspan="2">时间</th><th>第一组</th><th>第二组</th><th>第三组</th><th>第四组</th></tr>
<tr><td rowspan="2">第一天</td><td>上午</td><td></td><td></td><td></td><td></td></tr>
<tr><td>下午</td><td></td><td></td><td></td><td></td></tr>
<tr><td rowspan="2">第二天</td><td>上午</td><td></td><td></td><td></td><td></td></tr>
<tr><td>下午</td><td></td><td></td><td></td><td></td></tr>
<tr><td colspan="2">合计</td><td></td><td></td><td></td><td></td></tr>
</table>

（二）改进建议

在第四部分的改进建议是针对讲师手册使用过程中发现的一些问题或可以更好的地方进行的记录，主要用于教学资源的迭代。

改进建议（示例）

讲师在使用本手册过程中如发现任何错误或有更好的建议，请将具体的内容记录在表 4-11，以便反馈给某机构负责该课程修订的课程负责人进行完善。

表 4-11　改进建议

位置	页码	问题	修改建议
开场			
模块一			
模块二			
模块三			
……			
收场			

最后，版权声明是对知识产权的描述，提醒使用者严格遵守知识产权保护的要求。

版权声明（示例）

本课程的版权归某机构所有。

参训者只可以在公司内部使用这本教材的内容。在没有版权所有者书面授权的前提下，参训者不能以任何方式（包括复印件、电子邮件、网络等方式）将这本教材的任何部分进行复制、打印或传送给他人，更不能以盈利为目的使用本教材的内容。

本节要点：讲师手册是辅助讲师教学的完整文件，主要由封面、教学材料说明、目录、课程信息、教学流程与标准、教辅资料及改进建议组成。

第三节　开发学员手册

学员手册是教学资源之一，是依据教学资源规划编制而成的。学员手册，顾名思义，是给学员使用的。课前、课中和课后均可以使用。课前可以作为预习的工具，课中可以作为互动和备忘的工具，课后可以作为复习、练习和行动的工具。

学员手册的内容通常由三部分组成，分别是必备知识技能、知道会更好的知识技能、延伸阅读知识技能。课堂上的教学主要针对必备知识技能，其他两部分可以作为课前、课后的自学内容。

学员手册不同于培训教材，学员手册可以作为互动的工具。比如：启发记录；关键知识点的填空；看图填空；关键步骤的排序或连线；案例分析与研究；知识技能练习；行动计划等。

学员手册的结构主要包括封面、目录、课程目标、课程安排、启发记录、学习内容、行动计划、阅读资料、推荐资料、联系方式、讲师介绍、机构介绍。

一、封面

学员手册的封面通常会体现单位或项目 logo、课程名称、讲师手册、单位名称、班级名称、学员姓名、学习地点、学习日期。

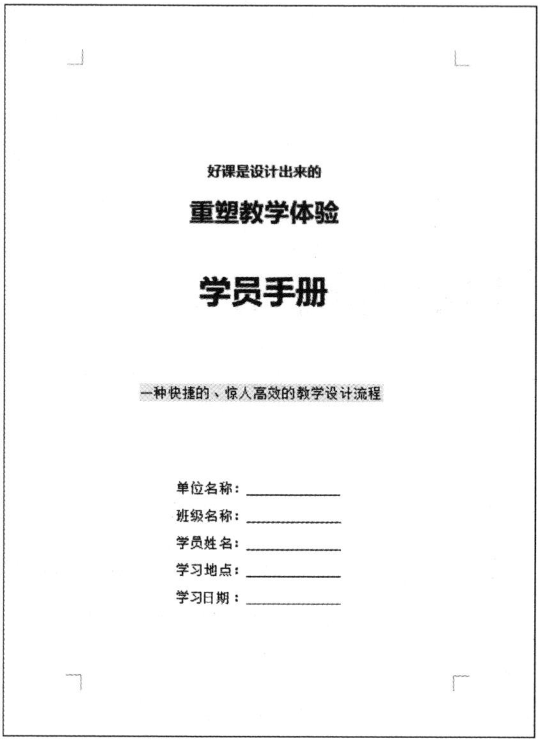

好课是设计出来的

重塑教学体验

学员手册

一种快捷的、惊人高效的教学设计流程

单位名称：__________

班级名称：__________

学员姓名：__________

学习地点：__________

学习日期：__________

图 4-3　学员手册封面

二、目录

学员手册的目录主要包括课程目标、课程安排、启发记录、学习内容、行动计划、阅读资料、推荐资料、联系方式、讲师介绍、机构介绍。

目录（示例）

1. 课程目标
2. 课程安排
3. 启发记录
4. 学习内容

5. 行动计划
6. 阅读资料
7. 推荐资料
8. 联系方式
9. 讲师介绍
10. 机构介绍

三、课程目标

课程目标与教学设计中的目标一致。

比如：学员在学习完本课程之后，可以应用五四教学设计模型根据指定书籍和实践经验，结合培训对象的业务需求，预计设计开发 4P、4Q、4S、4H，以便实现 4G。

四、课程安排

课程安排与教学设计中的目标一致，与讲师手册、演示文档和教辅材料一致（见表 4-12）。

表 4-12 课程安排（示例）

日程	模块	内容	时间 / 分钟
第一天	开场	建立联系	40
	第一模块	锁定教学目标	60
	第二模块	厘清教学内容	250
第二天	第三模块	匹配教学活动	350
第三天	第四模块	生成教学资源	350

续表

日程	模块	内容	时间 / 分钟
第四天	第五模块	迭代教学效果	320
	收场	学习总结	30

五、启发记录

启发记录主要为学员在学习过程中记录所想、所悟、所行等连接的内容，方便学员分享、迁移、交流等（见表 4-13）。当然，也可以根据启发记录的多少奖励学员。

表 4-13　启发记录（示例）

序号	学习启发

六、学习内容

学习内容根据教学设计进行开发即可，通常包括三部分：必须知道的内容、知道会更好的内容及去哪儿了解更多的内容。学员手册中的重点内容为必须知道的内容，而且是在课堂上将要发生的内容。学员手册作为记录和备查工具基本上所有培训师都可以用到，但容易忽略的是作为教学互动的工具，比如：填空、连线、判断、讨论等。

（一）模块一：建立联系

建立联系的内容有哪些（示例），如图 4–4 所示。

学一学：建立联系活动

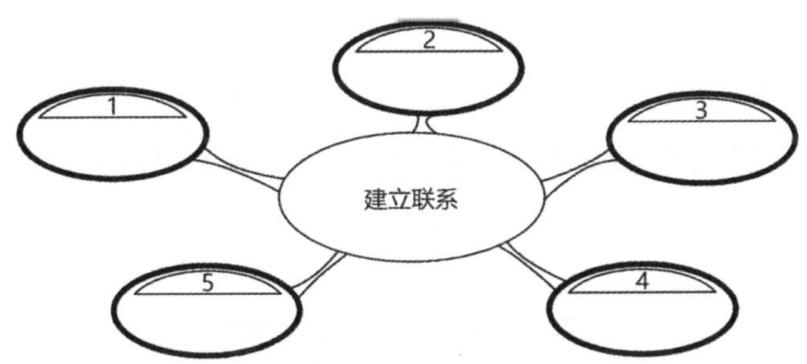

图 4–4　建立联系的内容有哪些（示例）

（二）模块二：记忆方法

看图命名（示例），如图 4–5 所示。

让人记住任何事情的七个方法

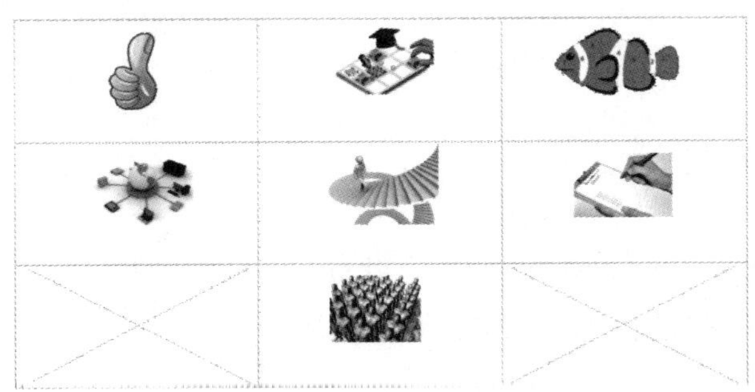

图 4–5　看图命名（示例）

（三）模块三：五四课程设计开发方法

连一连，将属于一类的内容进行连线，如图 4-6 所示。

锁定教学目标（4P）　厘清教学内容（4Q）　匹配教学活动（4S）　生成教学资源（4H）　迭代教学效果（4G）

课程主题　培训对象　建立联系　互动讲解　课程时间　教学实施　教学材料　教学目标　讲师手册　学员收获　应得内容　应会内容　技能练习　学习总结　应想内容　应知内容　教辅材料　学员手册　演示文档　讲师呈现

图 4-6　连一连

七、行动计划

行动计划来源讲师根据课程安排、学员自主安排或组织者要求，主要内容是通过对课程的学习，制订自己在日后工作中的应用计划（见表 4-14）。

表 4-14　行动计划（示例）

序号	行动	克服障碍的策略	时间
1	根据课程所学完成 500 字的学习总结	每两天用手机做一次提醒	两天
2	在团队内部进行一次 30 分钟的分享	纳入团队分享计划，完成后奖励自己一本一直想买的书籍	入团队日

八、阅读资料

阅读资料主要是那些知道会更好的内容，而且这部分内容通常不作为课堂讲授的内容，主要用于学员自学。

九、推荐资料

推荐资料主要是去哪里了解更多的内容，如某某书籍、某某网址等。

十、联系方式

联系方式通常是为学员快速答疑的“直通车”，如手机号码、座机号码、电子邮箱、微信等联系方式。

十一、讲师介绍

在课堂上，由于时间不太宽裕，讲师一般不会介绍太多，也没有必要介绍太多，学员大多只关注自己想学习的内容。所以，在讲师实际介绍的部分多是与所讲授的课堂内容相关即可，让学员感知到讲师能够帮助自己即可。

讲师介绍（示例）：张刘伟

易然行智能科技创始人，致力于数智为人

中燃气培训委顾问，赋能行业学习发展

曾为新奥大学群召集人，新奥从业 21 年，为四家上市公司构建学习发展生态系统

曾任职北京某咨询公司资深合伙人、常务副总，专注于为国家电网人力发展和学习发展赋能

十二、机构介绍

机构介绍主要为学员提供更多的信息，为持续链接创造更多的

可能，包括公司的名称、使命、愿景、产品、服务案例、公司网址等公开信息。

机构介绍（示例）

河北易然行智能科技有限公司

使命：致力于数智为人

愿景：成为一家数智驱动的感知型企业

价值观：简易、变易、不易

方法论如图 4-7 所示。

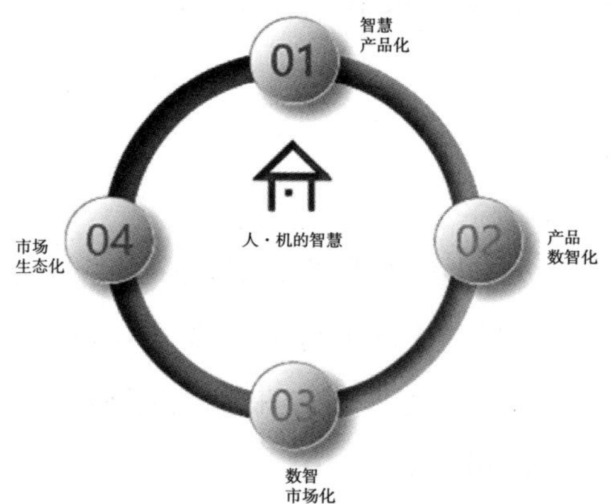

图 4-7　方法论

产品类别如图 4-8 所示。

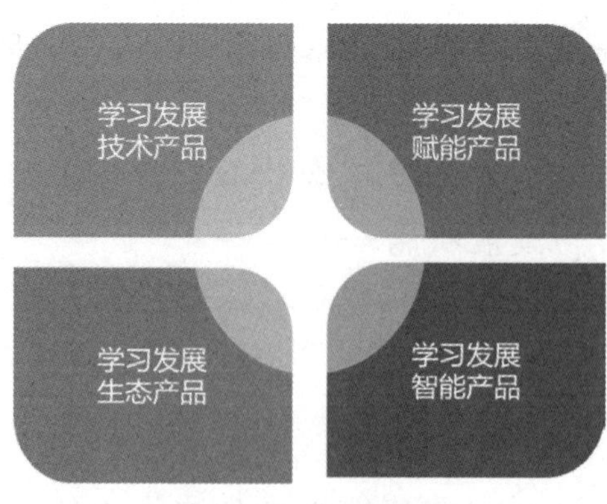

图 4-8　产品类别

本节要点：学员手册是学员课堂互动或课后备查的学习材料。学员手册的结构主要由封面、目录、课程目标、课程安排、启发记录、学习内容、行动计划、阅读资料、推荐资料、联系方式、讲师介绍、机构介绍等内容组成。

第四节　演示文档的设计、制作

演示文档是教学资源之一，是依据教学资源规划编制而成的。演示文档的呈现形式很多，可以是PPT、word、excel，也可以是视频文件或其他，是一种教学辅助手段，主要目的是促进教学质量及效率的改善，为学员带来良好的学习体验，是对教学形式的丰富和扩展。至于如何制作好的演示文档在此不赘述，读者可以去阅读这方面的专业书籍。这里重点介绍演示文档呈现的主要内容有哪些。

演示文档是讲师与学员的交互工具，有利于培训师呈现，有助于学员学习。演示文档不是文字的堆砌，是核心内容的展示，辅助教与学。内容本身大于呈现形式是演示文档制作的基本原则，主要结构有封面、讲师介绍、学习目标、课程安排、课程模型、课程内容、底面。

一、封面

封面是让学员看到课程的标题，知道今天要学习的内容是什么，一目了然。封面主要呈现公司或产品 logo、课程名称、单位名称、讲师姓名及日期。如果培训师想让更多的学员与自己建立联系，可以将手机号、电子邮箱等信息展示给学员，如图 4–9 所示。

图 4–9　封面（示例）

二、讲师介绍

讲师介绍的核心在于学员与培训师建立联系，既可以是专业上的，又可以是生活上的。通过介绍，拉近学员与培训师的距离，让学员能够感知到培训师是可以帮助自己的，或者学员意识到可以向培训师学到东西。

（一）单向自我介绍

单向自我介绍见图 4–10。

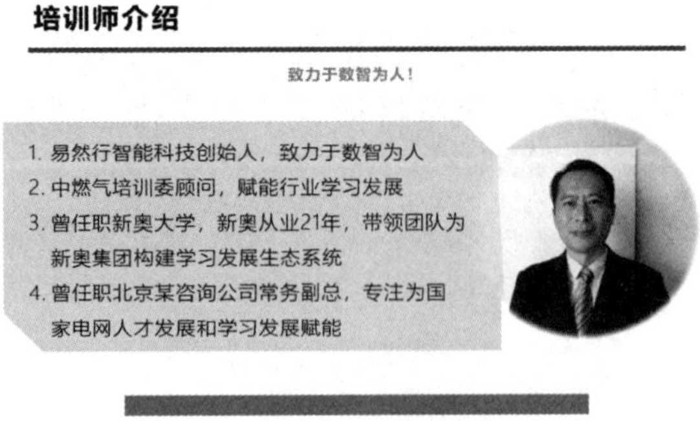

培训师介绍

致力于数智为人！

1. 易然行智能科技创始人，致力于数智为人
2. 中燃气培训委顾问，赋能行业学习发展
3. 曾任职新奥大学，新奥从业21年，带领团队为新奥集团构建学习发展生态系统
4. 曾任职北京某咨询公司常务副总，专注为国家电网人才发展和学习发展赋能

图 4–10　单向自我介绍

（二）互动式讲师介绍

互动式讲师介绍见图 4-11。

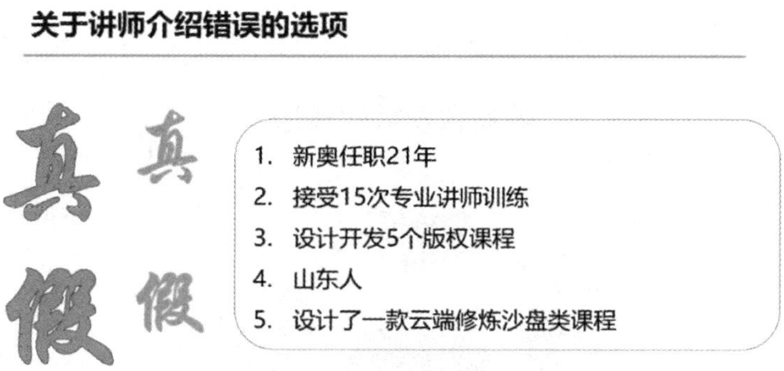

关于讲师介绍错误的选项

1. 新奥任职21年
2. 接受15次专业讲师训练
3. 设计开发5个版权课程
4. 山东人
5. 设计了一款云端修炼沙盘类课程

图 4-11　互动式讲师介绍

三、学习目标

学习目标是学习的终点站，期待学员学习课程后结果的描述，是培训师和学员共同努力实现的结果（见图 4-12）。

学习目标

学员应用以学员为中心的理念和方法，结合专业特长完成一次设计、开发和呈现教学活动。

图 4-12　学习目标（示例）

四、课程安排

课程安排将日期、内容、时长予以明确，让培训师和学员清晰地看到课程的学习节奏，以便做好时间管理。此处的课程安排，主要是体现整块时间涉及的内容即可。

五、课程模型

课程模型是支撑学习目标的主要内容（见图 4–13）。在课程模型中包含主要课程内容逻辑、主要要素之间的关系，模型要简单明了。

重塑教学体验模型

教学目标

教学内容

教学活动

教学资源

教学迭代

S•G•F

图 4–13　课程模型（示例）

六、课程内容

课程内容指的是课程模型的分解内容及教学活动的说明，是课程演示的主要部分。

课程内容（示例）如图 4–14 所示。

图 4–14　课程内容（示例）

教学活动（示例）如图 4–15 所示。

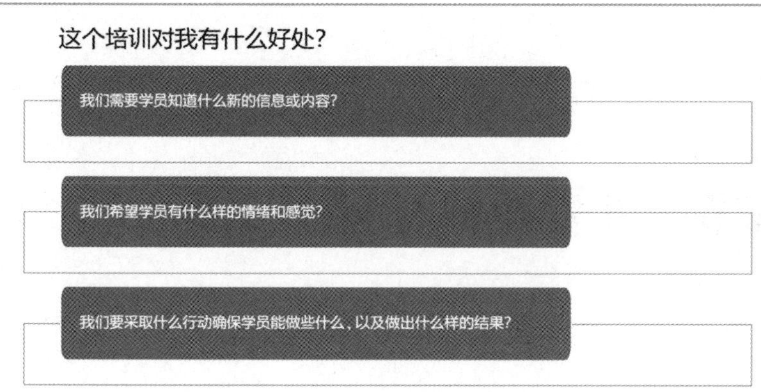

图 4–15　教学活动（示例）

七、底面

底面主要呈现核心理念的分享或提醒学员了解更多的信息。

核心理念分享（示例）如图 4–16 所示。

有意模仿和刻意练习
是最有效的学习方法

图 4–16　核心理念分享（示例）

了解更多的信息可以放一些平台联系方式。

本节要点：演示文档是用于教与学交互的载体，主要包括封面、讲师介绍、课程目标、学习安排、课程模型、课程内容、底面。

第五节　开发教辅材料

教学辅助资源也是教学资源之一，同样是依据教学资源编制而成。教学辅助资源是一些教学散页、教学模具、教学设备、教学场地等有利于促进教学过程的“拐杖”。

练一练：依据教学资源规划进行教学资源的开发。

教学散页（示例）

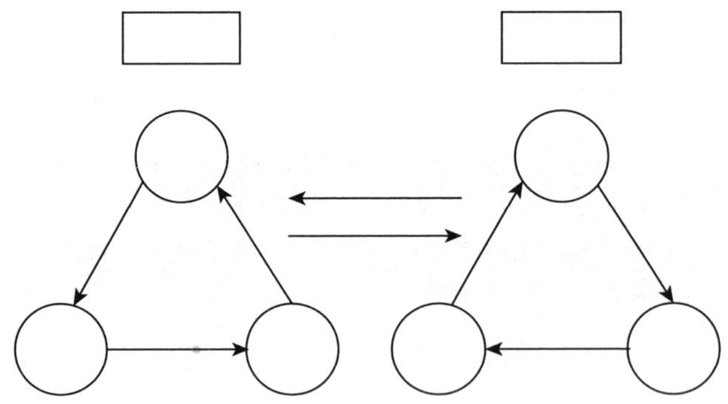

图 4–17　个人和组织智慧萃取方法论

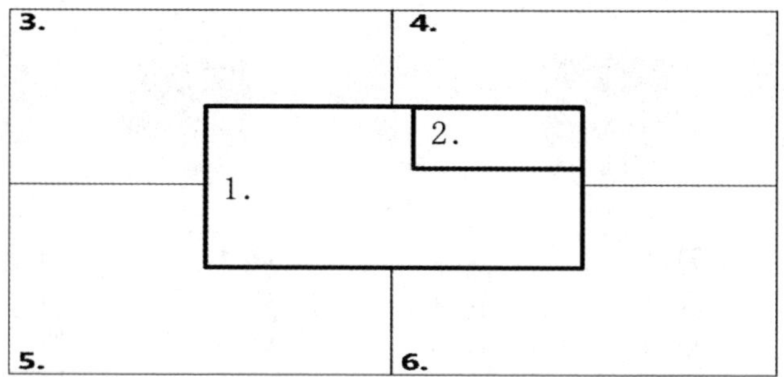

图 4-18 互动角

图 4-19 找不同

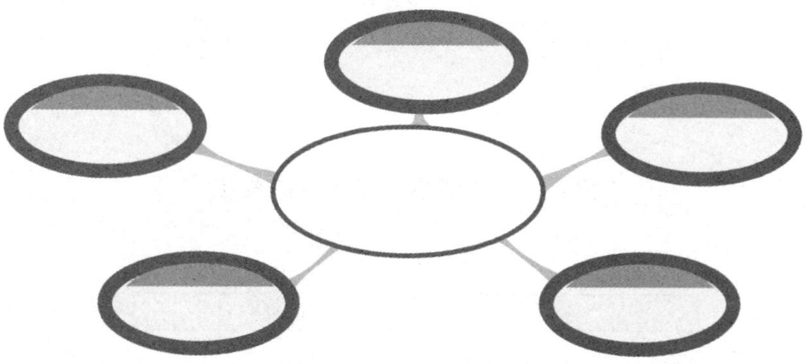

图 4-20 建立联系

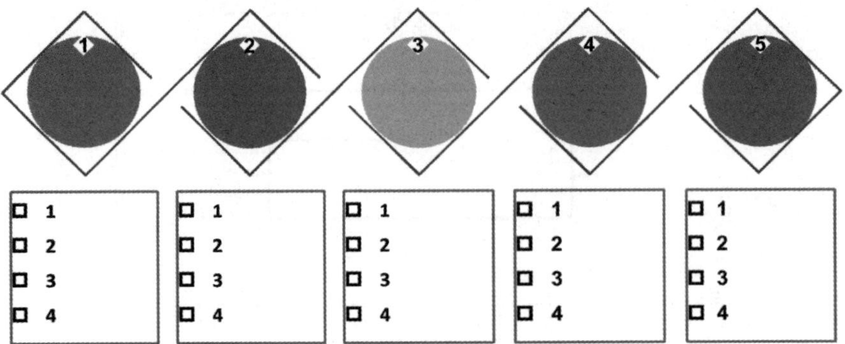

图 4-21 五四课程设计开发流程全景图

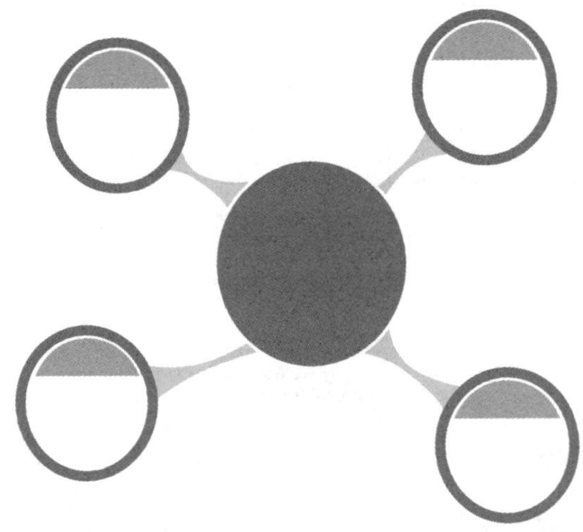

图 4-22 锁定教学目标—4P 模板

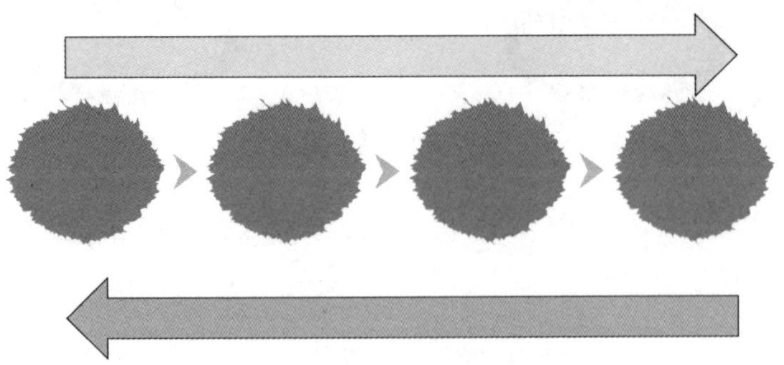

图 4-23 厘清教学内容—4Q 模板

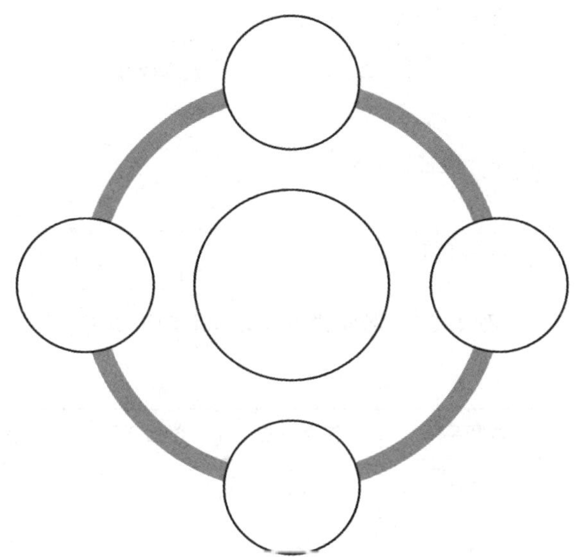

图 4-24　匹配教学活动—4S 模板

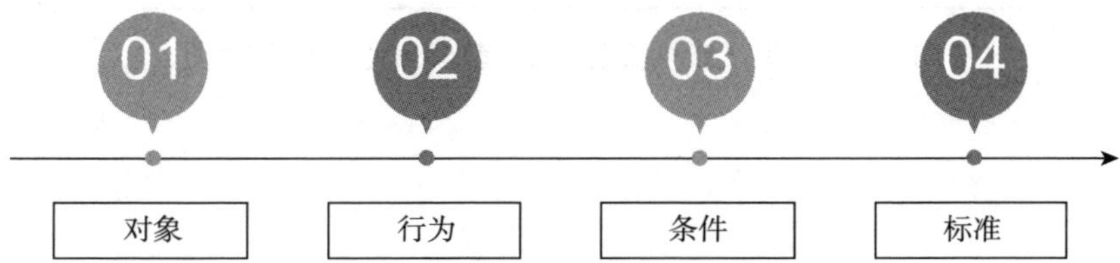

图 4-25　教学目标编制要素

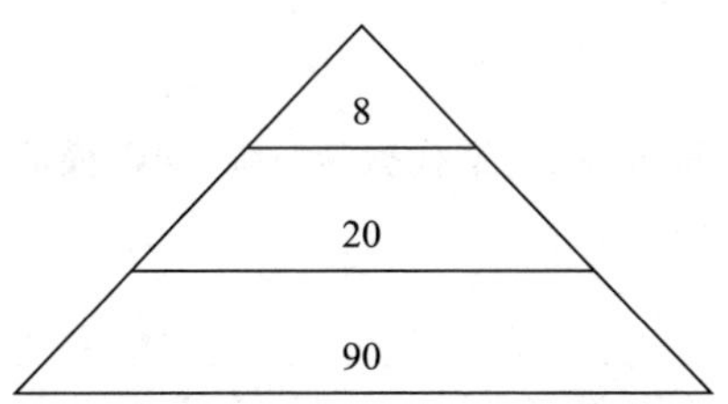

图 4-26　课程时间分配法则

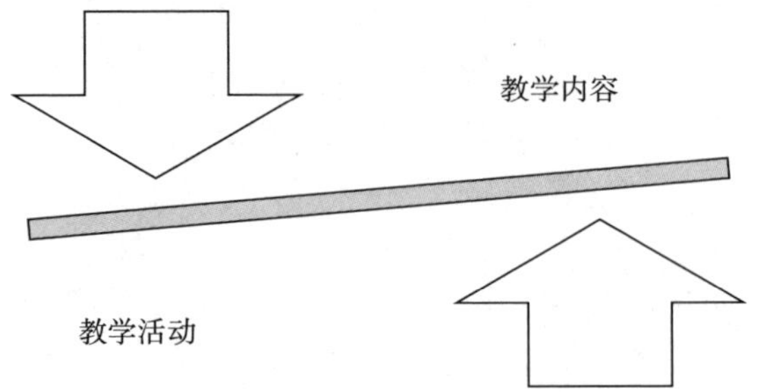

图 4-27　教学内容与教学活动平衡图

学习模块	讲师手册	演示文档	学员手册	教辅材料
开场	☺	☺		
教学内容1	☺	☺	☺	☺
教学内容2	☺	☺	☺	
收场	☺	☺		☺

图 4-28　生成教学资源—4H 教学资源规划示意图

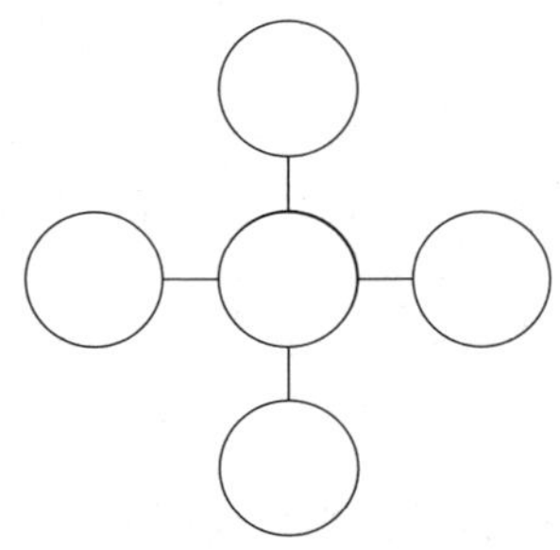

图 4-29　迭代教学效果—4G 模板

本节要点：教辅材料是根据教学设计制作的内容，通常会根据课程进程使用。

本章要点：教学活动设计完毕后，便制定教学资源规划，依据教学资源规划开发教学材料，教学材料包括但不限于讲师手册、学员手册、演示文档、教辅材料等。

本章总结：4H 生成教学资源工具

生成教学资源部分重点包括两部分内容：一是教学资源规划；二是教学资源开发。

教学资源规划主要解决要开发什么载体的相应内容；教学资源开发解决的是将要开发的内容按照一定的格式或载体要求呈现出来，满足课程交付的需要。

第五章

迭代教学效果

第一节　教学效果的4个因素

当我们参加一次学习活动，如果你是学员会有学习视角的感受，如果你是培训师会有教授视角的感受，如果你是组织者会有组织视角的感受。如此看来，单一视角的教学效果评估是不全面的。要想实现教学效果的持续改善，需要根据教学效果迭代的诉求进行，可以是单一视角，也可以是全方位进行评估教学过程。之所以开展教学效果的评估，就是为了检验教学目标是否达成，以及教学质量是否得到持续改善。

想一想：如果你是一位企业培训师，要对一次教学活动进行迭代，会迭代哪些内容呢？（　　）

A. 学员收获

B. 讲师呈现

C. 教学实施

D. 教学材料

E. 其他

迭代教学效果，既要看结果性目标有没有达成，也要看过程性目标有没有实现。本节介绍的是影响教学目标及效果实现的4个关键因素。4个方面均好，简称4G（Good），分别为G1学员收获、G2讲师呈现、G3教学实施和G4教学材料，如图5-1所示。

图 5-1 迭代教学效果

实践是检验真理的唯一标准，也是迭代教学效果最有效的方法。一次完整的教学实践是由培训师、学员、课程和教学过程四个要素共同作用的结果。因此，在教学效果迭代时，需要从四个方面着手：一是学员收获；二是讲师呈现；三是教学实施；四是教学材料。只有教学实践的四个方面都好才是真的好！

在企业实施开展教学效果迭代中，学员收获情况及培训师呈现情况做的工作比较多。比如：针对学员收获情况通过考试、实操、竞赛进行检验；针对培训师教学情况通过调研问卷的方式收集意见，容易忽略学员和培训师的自觉检视。另外，在教学材料和教学实施效果迭代上，也很容易被忽视。

案例：项目化管理教学反馈

Q1. 在项目化管理课程学习报名机会获取上

1 分：被动要求参加学习

10 分：积极报名参加学习

Q2. 项目化管理课程内容对实际工作的价值

1 分：没有任何价值

10 分：非常有价值

Q3. 项目化管理课程内容在实际工作中的实用性

1 分：非常不实用

10 分：非常实用

Q4. 在项目化管理课程学习中实现了学员相互学习

1 分：学员没有机会互相交流学习

10 分：有非常多的机会交流学习

Q5. 项目化管理课程培训师的教学方式

1 分：非常不能接受

10 分：完全可以接受

Q6. 项目化管理课程时长

1 分：时间太短了，非常不合适

10 分：非常合理，时间比较适中

Q7. 项目化管理课程组织情况

1 分：非常混乱

10 分：非常有序

Q8. 项目化管理课程的教学材料

1 分：非常不实用

10 分：非常实用

Q9. 学习设备与环境

1 分：非常不适宜

10 分：非常适宜

Q10. 在项目化管理课程中收获：学了什么？有何感受？下一步的行动

Q11. 对项目化管理课程及培训师的建议

Q12. 对培训班组织的相关建议

要想实现教学效果的持续迭代，首先在教学效果影响因素上要考虑周全；其次，需要通过适合的方式得到真实的教学反馈；最后，将教学反馈真正用好，实现迭代。这三个方面在实际操作中都做好不容易，需要标准化的教学管理流程来支撑才能做出效果，后面会详细介绍。

本节要点：教学效果迭代主要包括学员收获、讲师呈现、教学实施和教学材料。

第二节　学员检视收获

学员是学习的主体，迭代教学效果，首先要关注的是学员的收获情况，衡量的标准就是学员经历学习过程后是否能够达到预期的学习目标，最直接的方法就是独立应用所学产出既定结果。如果学习的是技能，就提供实践的机会，看是否达到预期；如果学习的是知识，就提供测验的机会，看是否达到预期；如果学习的是态度类知识，就观察其言行，看是否达到预期。

对于技能类，给学员一个应用所学技能的实践任务即可检验学员的收获情况，不看其说了什么，只看其做到了什么；对于知识类，可以做知识类测试，判断学员的收获情况；对于态度类，可以通过情景模拟、案例分析进行判断。

为了衡量学员的收获情况，通常可以从以下五个方面进行考量，实现应得是最高层次，依次变低，分别是应会、应知、应想和没有收获。

实现应得：学员是否实现了既定的学习目标，并将知识、技能转化为个人的知识技能，属于价值类或结果类范畴。得到意味着有产出，并且能够结合不同的应用场景融会贯通，如果能够教授他人，也就是真正得到了。

举例：如果学习了五四课程设计开发模型，能够根据自身、学员、内容等动态变化开发出匹配的课程，就意味着得到了。强调的是根据应用场景的变化，灵活应用。

实现应会：学员是否能够应用所学知识和技能完成既定任务，属于行为类范畴。应会意味着会干了，在常规的环境下应用所学完成既定任务，当应用环境发生变化时，会遇到困难。

举例：能够应用五四课程设计开发模型中的模板和要求完成既定课程设计开发任务，基本限于课程设计开发流程和工具的准确应用，一旦应用环境发生变化，就会带来一些挑战。

实现应知：学员能够准确地知道与技能应用直接相关的知识，属于认知类知识范畴。应知意味着知道了，如果进行知识的测试能够回答得非常准确。实际上，应知通常是知其然的内容，甚至是知其所以然的内容。

举例：五四课程设计开发模型中的知识点能够识别、回答和讲述，如果询问学员相应的内容都能回答出来，说明其知道了。

实现应想：学员是否能够积极投入知识技能的学习，并能够回答学习课程能为自己带来什么价值，属于意识类范畴。

举例：知道五四课程设计开发模型为自己的工作带来什么，在哪些方面有帮助，而且因为意识到这些，会将学习过程付诸行动。

没有收获：学员没有参与课程的学习，当学习结束时对课程内容一无所知。

我们进行一次课程设计开发的授课，作为培训师特别希望学员可以应用课堂所学完成一门完整课程的设计开发。衡量学员是否学会最好的方法是进行学习成果的展示，由学员互评，由培训师进行点评。

通过评分，既可以实现互教互学，也可以检验学员到底学到多少，当然也可以发现学员与培训师的认知偏差有多大，透过数据及时进行认知偏差的修正。如果在课堂上不能很好地利用应用成果进行衡量，也可以以点带面的方式进行。比如：选取部分学员分享或测试，了解学员对学习内容的理解程度，如表 5–1、图 5–2 所示。

表 5-1 评分表（示例）

序号	姓名	理念应用			重构要素			教学呈现				合计	名次
		体现学员为中心	体现目标为导向	体现大脑友好型	课程目标切实可行	课程内容支撑目标实现	教学活动促进目标达成	讲师职业形象大方、得体	讲师语言表达逻辑清晰，表达有力	演示文档重点突出、赏心悦目	教学过程引导有序、有效		
1													
2													
3													
4													
5													
6													
7													
8													
9													
10													
11													
12													
13													
14													
15													
评委：					日期：				第一页				

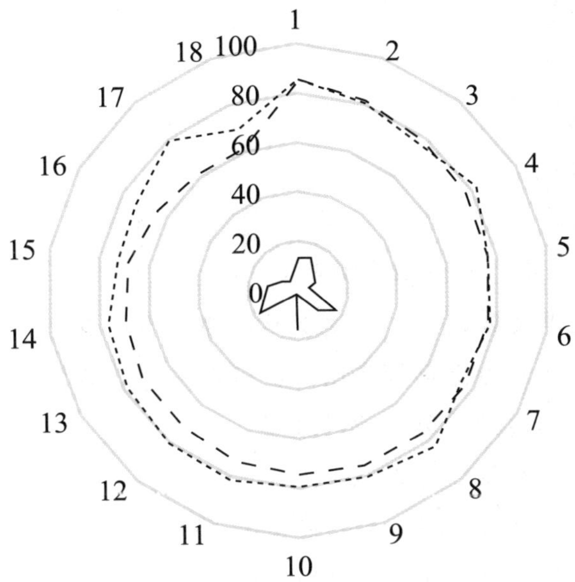

图 5-2 学员与讲师评分的对比图（示例）

数据驱动的商业智能领导力云端修炼沙盘认证班测试（示例）

Q1. 创业家：是创造全新事业可能的一类人 (1 分)(　　)

A. 对

B. 错

Q2. 云端修炼沙盘的特点 (1 分)(　　)

A. 无风险的试错

B. 可反复试错

C. 可迁移场景

D. 能力能够领先

Q3. 简单地讲，商业智能领导力就是加速实现商业组织智能化的领导能力 (1 分)(　　)

A. 对

B. 错

Q4. 商业智能领导力融入的能力 (1 分)(　　)

A. 商业智慧

B. 经营管理

C. 优质决策

D. 商业智能

E. 数智领导

Q5. 变革领导力的步骤有哪些 (3 分)(　　)

A. 创造变革的紧迫感，讲述变革故事非常必要

B. 组建强有力的变革领导团队，双元系统是标配

C. 创建变革愿景，驱动力的关键

D. 沟通变革愿景，寻求认同

E. 移除变革中的障碍，成功的必要条件

F. 创造短期成效，持续动力的加油站

G. 巩固成果并进一步推进变革，具备再生能力是转型的目的

H. 将新方法融入企业文化，持续地适应新环境的土壤

Q6. 企业家通常关注的事情是什么 (3 分)(　　)

A. 服务谁

B. 做点什么

C. 谁来做

D. 怎么做

Q7. 企业家商业智慧指的是什么 (3 分)(　　)

A. 客户

B. 业务增长

C. 现金净流入

D. 利润

E. 周转率

F. 投资收益率

G. 知人善任

H. 有效沟通

Q8. 商业组织数字化转型的关键是什么 (3 分)(　　)

A. 中心、中间、中层

B. 人为干预、人的体力、人的智力

Q9. 人工智能是复制人类智慧 (3 分)(　　)

A. 对

B. 错

Q10. 商业智能是复制商业环境中的群体智慧 (3 分)(　　)

A. 对

B. 错

本节要点：学员收获主要看学员在应想、应知、应会和应得方面是否达到预期的教学目标，最好的检视方法是对学员的实践成果进行验收。

第三节　反思讲师呈现

讲师 / 培训师是将知识、技能传递给学员的人，是学习过程的引导者，有的是课程的设计开发者。讲师呈现的好坏，首先取决于课程设计本身，包括内容和活动设计；其次是对课程的熟练程度；最后是对学员的了解程度。

设计好是呈现好的根本，所以课程内容是讲师呈现好的根本，教学活动是讲师呈现好的催化剂。当然，讲师的基本功是呈现的基础，就像楼房的地基，基本功越扎实，呈现越从容。

想一想：讲师呈现水平的高低主要表现在哪些方面？（　　）

A. 关注学员体验

B. 关注课程目标

C. 关注课程内容

D. 关注学习活动

E. 关注个人状态

讲师呈现水平的高低，从高到低的排序是从关注学员体验、关注课程目标、关注课程内容、关注学习活动、关注个人状态五个方面进行考量。

关注学员体验：讲师呈现是为了帮助学员不仅习得知识和技能，还有良好的学习体验。能够做到关注学习体验，至少意味着讲师对自己的基本功拥有自信、对教学活动了如指掌、对教学内容轻车熟路、对教学目标的实现胸有成竹、对学员的学习体验引导游刃有余。在笔者看来，做到这样也算讲师呈现的最高层次了。

举例：关注学员体验的讲师会赢得学员的信赖和尊重，课程结束后，会有学员走到讲师面前探讨问题，甚至索要联系方式。关注学员体验的课堂，现场气氛融洽，学员学习状态好，讲师传授知识和技能非常从容，是一次对话，甚至是一次心灵的对话。

关注课程目标：讲师时刻关注教学目标是否达成，所做的一切都围绕教学目标的实现而努力，尤其是学员的学习目标。课程结束后，至少能够清晰地看到学员都实现了既定的学习目标。

举例：学习五四课程设计开发模型后，每位学员便完成了一门课程的设计与开发，而且满足了交付实施的条件。

关注课程内容：讲师时刻关注教学内容，讲的是否全面、是否到位，学员理解是否全面、是否到位。过于关注内容，有时会忽略教学目标、学员，所以关注内容没有错，关键是要聚焦实现教学目标的教学内容。我们常常看到一些专业课程方面的讲师容易陷入教学内容，讲得非常清楚并不意味着学员理解得非常清楚。所以，在关注内容的同时，还需要关注学员和教学目标。

举例：如果在课堂上讲师的讲解非常多，说明讲师在更多地关注内容。

关注学习活动：教学活动是传授教学内容的方式，如听、说、读、写、看、讲、做等都是常见的教学活动。教学活动是辅助知识技能有效传递的，不同的教学活动对教学内容的传递效果有所不同。教学活动就像平时乘坐的交通工具，而教学内容就像乘坐交通工具的人，教学目标便是目的地。我们选择了不同的交通工具，到达目的地的时间、成本、体验均会有所不同。

其实授课也是如此，选择了不同的教学活动，知识技能的传递效果也大不相同。选择最有效的教学活动，而不一定是看上去最好的教学活动，毕竟教学活动不是教学的全部。

教学活动没有最好，只有适合。当只关注或过多地关注教学活动时，会减少对教学内容和教学目标的关注，教学效果会大打折扣，尤其是授课经验不是特别丰富的讲师，容易在教学活动上下功夫。没有教学内容支撑的教学活动是没有价值的，只有教学内容和教学活动有效匹配才是最有价值的教学活动。

举例：非常形象的比喻便是拓展活动，拓展活动不是目的，而是通过拓展活动让学员认识到协作、信任、突破等带来的非凡影响。

关注个人状态：讲师讲得热火朝天，学员无动于衷，自嗨型讲师只关注自己，很多没有互动的演讲便是典型的关注自己。职场上的课程不看讲师讲了什么、讲了多少，而是看学员学了什么、学了多少。

反思讲师呈现通常有两种比较实用的策略：一是自我发现；二是学员反馈。如果是自我发现，培训师在呈现过程中随时根据自我感知及时记录到讲师手册中的第四部分改进建议中，以便课后迭代教学效果。

（1）自我发现

改进建议（示例）如表 5-2 所示

表 5-2　改进建议（示例）

讲师在使用本手册过程中如发现任何错误或有更好的建议，请将具体的内容记录在如下位置，以便反馈给 ×× 机构负责该课程修订的课程负责人进行完善。

位置	页码	问题	修改建议
开场			
模块一			
模块二			
模块三			
……			
收场			

（2）学员反馈

课程评估表（示例）如表 5–3 所示。

表 5–3　课程评估表（示例）

<table>
<tr><th colspan="2">评估内容</th><th>极佳</th><th>非常满意</th><th>满意</th><th>普通</th><th>不满意</th><th>非常不满意</th></tr>
<tr><td rowspan="2">课程目标</td><td>课程总体评价</td><td></td><td></td><td></td><td></td><td></td><td></td></tr>
<tr><td>课程目标达成</td><td></td><td></td><td></td><td></td><td></td><td></td></tr>
<tr><td rowspan="2">课程内容</td><td>内容符合工作需要</td><td></td><td></td><td></td><td></td><td></td><td></td></tr>
<tr><td>课程内容充实</td><td></td><td></td><td></td><td></td><td></td><td></td></tr>
<tr><td rowspan="3">个人状态</td><td>课程时间</td><td></td><td></td><td></td><td></td><td></td><td></td></tr>
<tr><td>教学准备</td><td></td><td></td><td></td><td></td><td></td><td></td></tr>
<tr><td>课程认识程度</td><td></td><td></td><td></td><td></td><td></td><td></td></tr>
<tr><td>学员体验</td><td>鼓励学员参与</td><td></td><td></td><td></td><td></td><td></td><td></td></tr>
<tr><td rowspan="2">教学活动</td><td>培训方式</td><td></td><td></td><td></td><td></td><td></td><td></td></tr>
<tr><td>教学技巧</td><td></td><td></td><td></td><td></td><td></td><td></td></tr>
<tr><td colspan="8">课程的收获与行动</td></tr>
<tr><td colspan="8"></td></tr>
<tr><td colspan="8">课程的建议</td></tr>
<tr><td colspan="8"></td></tr>
</table>

本节要点：在反思讲师呈现时，重点关注学员体验、课程目标、课程内容、学习活动、个人状态，主要的方式有自我发现和学员反馈。

第四节　复盘教学实施

当一门课程设计开发完毕，剩下的就是交付了，在交付的过程中不断迭代升级。教学实施过程不仅有讲师和学员，还有组织者，这是一个动态变化的过程。只有每个人、每个环节都能有效地匹配到位，才能做到完美的教学实施。

教学实施过程中，最难应对的是突如其来的变化。最高的境界莫过于根据一切变化动态地调整教学策略，次之是按照设计进行精准实施，依次是部分实施、设计未用，最差当属没有准备的临场发挥。

想一想：在曾经的教学过程中出现过哪些异常情况？

A. 学员不能准时进入教室

B. 学员比预期少了一半以上

C. 突然停电

D. 准备好的教学活动，无法按照预期推进

无论哪种异常情况发生都将对教学带来非常大的影响。理想的状况是每次教学都可以按照预先的设计有序地进行，并且达到预设的目标。在实际操作过程中，通常会或多或少地遇到一些情况，这

时需要培训师有效应对，方可让教学过程有序。

对于教学过程，由于培训师的经验不同，其采取的应对策略差异较大，有的可以根据实际情况做到动态调整；有的能够按照教学设计进行精准实施；有的只能按照教学设计部分实施；有的有很好的教学设计但没有很好地应用；也有的根本没有设计或不按照设计进行教学，而是临场发挥。

一、动态调整

在教学实施过程中，各个角色能够动态调整，达成和谐统一的状态。

学员不能准时进入教室：当学员不能准时进入教室时，我们需要让组织方联系学员。如果有一半的学员都没有来到教室，最好稍做等待。如果只有几位没有按时来，可以征求现场学员的意见，先组织开场活动，在开场活动中等待。

学员比预期少了一半以上：出现这种情况，首先需要与组织方确认未到教室的学员是否还要继续参与学习。如果要参与，需要第一时间联系学员快速到达教室；如果未到教室的学员不再参与学习，开始授课即可；如果课前已经进行了分组，人员有变化，分组需要重新调整。

突然停电：突然停电会导致投影没有办法使用，没有经验的培训师，或过于依赖演示文档的培训师，此时会惊慌失措。有经验的培训师会提前考虑到这些情况，如制作纸质的讲师手册、学员手册、演示文档、教辅材料等，尤其是做好备课。

准备好的教学活动，无法按照预期推进：教学活动是为教学目标服务的，看看是什么因素影响活动的推进。如果是前期准备不足，导致硬件无法满足教学活动的要求，短时间内也无法具备，需要放弃预设的教学活动。

当教学活动对于教学目标的影响只是程度上的影响，有必要做一些替代或取舍。当教学活动对于教学目标的影响至关重要，没有这个教学活动学员无法习得某方面的知识和技能，可以尝试其他方案。如果不能达到预期效果，可以与学员沟通暂缓对该知识的学习，课后采取其他策略满足学员学习的需要。

二、精准实施

按照教学设计，完整地执行到位，达到预设目标。这是非常理想的教学状态，需要培训师在教学呈现前做充分的准备。一是按照教学设计进行重复刻意练习；二是预想可能出现的情况；三是提前对教学实施的所有要素进行逐一确认，尤其是每次上课提前到达教室非常必要，利用这段时间再次确认教学场景的情况，留出足够的时间用于对异常情况的处理。

三、部分实施

按照教学设计，没有完全执行到位，达到部分预设目标。类似的情况时常会出现，主要是对课程交付的要素没有考虑周全而引发的异常情况。比如：在课程最后的部分安排了学员成果的呈现，由于对每位学员呈现的时间未严格把关，导致延时，本计划一对一的反馈无法正常进行，只能进行整体反馈。

四、设计未用

对教学过程进行设计，并没有按照设计来执行，设计形同虚设。比如：在课程结束时设计了学员分享环节，因为课程节奏安排不合理，没有学员分享的时间，提前设计好的分享便无法在现场进行。

五、临场发挥

没有设计，无法预料目标、内容和教学活动是否有效统一，一切受限于讲师。有时讲师没有对教学过程进行设计，全程根据现场的情况进行临场应变。没有设计的教学，教学质量通常无法保障。

教学实施全过程的复盘，可以采用点检表的方式进行自我盘点，也可以请组织方协助过程记录。要点是看培训师是否按照教学设计实施了教学。如果有教学设计，在教学设计上进行点检即可；如果没有教学设计，可以委托组织方或助教记录自己的教学过程，以便生成教学设计，如表 5-4 所示。

表 5-4 教学过程点检表（示例）

课程名称											
受众对象											
时长											
教学目标											
教学准备											
模块	模块时间	单元	教学活动	教学过程描述	时间	资源 / 专家确认	H1 讲师手册	H2 演示文档	H3 学员手册	H4 教辅材料	教学过程点检
开场											
模块一											
模块二											
收场											

本节要点：在教学实施复盘时，主要看教学过程中培训师做到何种程度，是动态调整、精准实施、部分实施、设计未用还是临场发挥。在有教学设计的情况下，不断根据当时教学环境的动态进行调整是非常必要的。

第五节　盘点教学材料

教学材料包括讲师手册、学员手册、演示文档、教辅材料等，但不限于此，五四课程设计开发模型全套工具均属于教学材料的范畴。这里所说的教学材料是指满足一次完整的教学所需要的全部内容。

教学材料是教学的质量保障，也是实施教学的必要条件。教学材料同样对教学效果有着深远的影响，也需要不断地迭代更新。比如：教学材料是否齐全、是否及时更新、是否及时调整、是否适合环境等。

教学材料的迭代，不仅仅发生在教学实践后，其实在教学实施前就要进行教学材料的迭代。当然在教学实施后的迭代更具现实意义。迭代的信息来源于学员、讲师、组织者等的反馈和体验。迭代贵在及时、真实、动态，如表 5-5 所示。

表 5–5　教学材料检视表（示例）

类别	物品	准备要求	准备者	改善建议
环境要求	场地	满足分组需要	组织方	
	桌椅	满足分组需要（6~7 人 / 组均可）根据场地和人数确定。建议分 3 组，可能更有利于交流	组织方	
	灯光	满足投影和视线观察需要	组织方	
	温度	空调正常使用	组织方	
	噪声	避免持续噪声干扰	组织方	
设备要求	投影仪	可正常使用，投影清晰	组织方	
	音箱	可正常使用，避免过高及过低，根据人数和场地现场调试	组织方	
	手持话筒	能够正常使用，有备用及备用电池	组织方	
	无线网格	满足手机和电脑的上网需求	组织方	
	插线板	满足每组电脑的使用需要，并考虑安全性	组织方	
培训物品	桌签	每组 1 个，空白	组织方	
	个人桌牌	每人 1 个	组织方	
	A4 白纸	若干	组织方	
	美文胶或宽胶带	1 卷	组织方	
	A1 白板纸	每组 10 张	组织方	
	白板笔	每组 1 盒，每人确保有 1 支，颜色均分	组织方	
	白板架或白板	能够夹放 A1 白纸	组织方	
	圆点贴	每组 10×10 个直径为 5mm 的准备 20 张	组织方	
	记事贴	每组放 3 本	组织方	
	激光笔及翻页器	正常使用	组织方	
	3M 喷胶（75 号）	根据课程需要选择	组织方	

续表

类别	物品	准备要求	准备者	改善建议
教学资源	学员手册	每人 1 份	讲师	
	教学挂图	1 套	讲师	
	演示文档	1 份	讲师	
	教学电脑	1 台	讲师	
	学习证书	每人 1 张	讲师	
	教学散页	学员数量准备	讲师	
	空白卡片	名片大小，每人 20 张	讲师	
学员准备	电脑	每人 1 台	学员	
	开发主题参考书或资料		学员	
	4P、4Q 模板整理资料	电子版资料	学员	

一次完整的教学过程，需要全方位的盘点和评估。培训师、学员和组织均需要参与进来，才能做到全面评估。如果只是部分角色参与进来，意味着评估不全面，容易遗漏一些内容，导致问题反复发生。

练一练：在课程交付后，尝试应用教学效果迭代工具优化自己的课程。

本节要点：在教学材料盘点时，不但要对教学设计、讲师手册、学员手册、演示文档、教辅材料等进行盘点，而且对于实施教学的直接相关内容也需要进行盘点。全面复盘教学材料的完善、有效程度，方可有针对性地迭代教学效果。

本章总结：4G 迭代教学效果工具

每一次教学实施的终点都是下一次教学的起点，只有这样，教学效果才会不断升级。好的课程需要不断地打磨，而打磨什么是需要通过某种方式反馈回来才有可行性。所以，4G 教学效果迭代模板能够帮助讲师获得相应的反馈，创造不断迭代的可能，如表 5-6 所示。

当读者读到这里，五四课程设计开发模型的内容也接近尾声了！恭喜你完成五四课程设计开发模型学习之旅。师傅领进门，修行在个人。任何有效的学习都需要有意模仿和刻意练习方能得到。

表 5-6　4G 教学效果迭代模板

根据教学呈现进行打分，满分为 20 分。1 分为低分，5 分为高分。此表可在课程呈现时用于评估						
迭代维度	G1: 学员收获	G2: 讲师呈现	G3: 教学实施	G4: 教学材料	Gn：其他建议	合计分数
评价标准	5 分：实现应得 4 分：实现应会 3 分：实现应知 2 分：实现应想 1 分：没有收获	5 分：关注体验 4 分：关注目标 3 分：关注内容 2 分：关注活动 1 分：关注自己	5 分：动态调整 4 分：精准实施 3 分：部分实施 2 分：设计未用 1 分：临场发挥	5 分：4P、4Q、4S、4H、4G 4 分：4P、4Q、4S、4H 3 分：4P、4Q、4S 2 分：4P、4Q 1 分：4P	学员根据自己的体验反馈优化建议	20
姓名						

第二部分

案例式课程设计方法

引言

案例围绕一个主题、用记叙形式描绘一个事件真实的信息，可为学习者创造出对话、分析问题和模拟决策的机会。

案例教学是围绕一定培训目的把实际中真实的情景加以典型化处理，形成供学员思考分析和决断的案例，并通过独立研究和相互讨论的方式来提高学员分析问题和解决问题的能力的一种方法。

案例式课程设计开发是为满足案例教学而开展的活动，是一种以学员为中心的开放、交互式的教学方式。案例教学要想达到理想的教学效果，事前需要充分的设计。

案例教学首先要案例，学员通过阅读案例进行讨论，而后进行全面、反复地交流和碰撞，结合一定的理论知识，达到建构教学的目的。在案例教学中，使用的案例既不是编出来的故事，也不是写出来阐明事实的事例，而是为了达成明确的教学目的，基于一定的事实编写的故事，它在用于课堂讨论和分析之后会使学员有所收获和启发，从而提升学员分析解决问题的能力。

案例教学最大化地释放了经验的价值。更像是通过对过去复盘成果的解读，助力学员更好地迎接未来。开展案例教学的关键要素有编制教学案例、案例教学设计、开发教学资源、实施案例教学、迭代教学效果。

第六章

案例教学设计与开发理念

图 6-1 案例式课程设计开发模型

第一节 释放经验价值

想一想：如果你从事一份全新的工作，没有有经验的人向你分享具体的做法，你觉得可能会遇到哪些问题？

非常明显的结果：会遇到很多意想不到的问题。学习经验、汲取教训是案例式教学的显著价值，而且教学过程生动、鲜活，交互效果好。

孔子讲："温故而知新，可以为师矣！"温习旧知识从而得知新的理解与体会，凭借这一点就可以成为培训师。而旧知识，是由过去的经验组成的，至少说明是被验证的，在过去的某个特定的情境下是适用的。未曾经历，不成经验。通过经验学习，可以做到扬长避短，也可以承前启后，当然也可以革故鼎新。

那么，如何基于经验构建知识体系呢？首先要将过去的经验描述出来，可以通过案例的方式呈现，而后将案例的信息按照不同的逻辑进行加工整理，形成逻辑清晰的知识体系，以便广泛应用，如图 6–2 所示。当然，也可以通过诗歌、散文的方式呈现，而后通过各种方式进行演绎和传承。

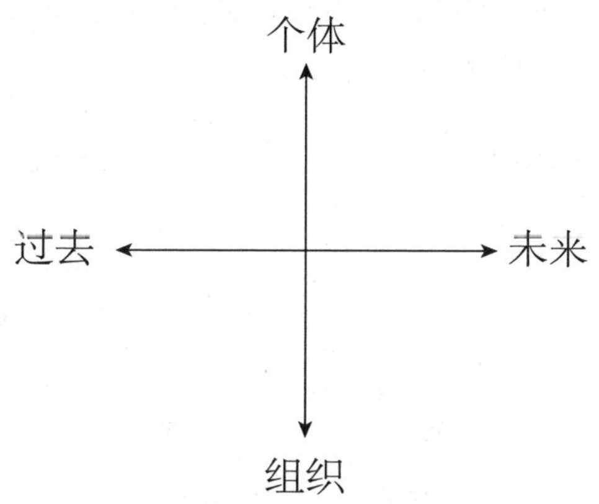

图 6–2　基于经验构建知识体系

知识体系可以是个体的知识体系，也可以是组织的知识体系。无论是个体的知识体系，还是组织的知识体系，均可按照知识结构的成熟度，分为良构知识和劣构知识。

比如：你要开展一项全新的工作，如果有人向你分享了经验，而这个经验如同良构知识；如果没有人向你分享完整的经验，只是一些零星的信息，就如同没有结构良好的知识。所以，我们需要建构更多结构良好的知识，帮助更多新人快速胜任，规避风险，减少反复。

劣构知识按照时间逻辑，形成良构知识，我们看看它们形成的过程便一目了然。劣构知识形成的过程是：如果你想做一件事情，然后按照自己有限的信息便去做了，没有成功的经验可以借鉴，可能成功，也可能失败。但无论结果怎样，做过之后，你便拥有这件事情的经验做法。

假设你将自己的经验形成可以复制的做法，如果下次有人要做与你之前做的同样的事情，在类似的事情之前便可以先学习一下之前的方法，而后再去做就好了。

劣构知识变成良构知识的过程，我们称之为知识建构；而良构知识在新环境下应用后再完善的过程，我们称之为知识迭代。知识在不断地建构和迭代中刷新，从而形成最新知识。知识的更新迭代，也带来了时代的进步和发展，当然时代的进步和发展也不断地反哺知识体系的更迭，如图 6–3 所示。

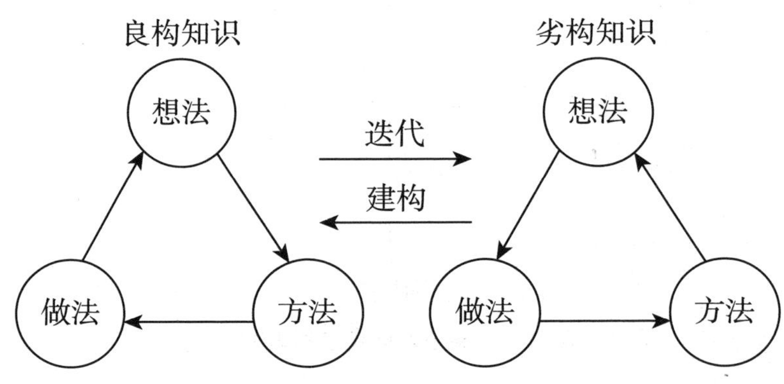

图 6–3　个人和组织经验萃取方法论

知识不断地被建构和迭代的过程，也是释放经验价值的过程。所以，我们需要不断地回过头来向自己的过去学习是非常必要的。因为这样的学习最昂贵，原因在于这些经验是用自己的生命换来的；也许对你来讲是最廉价的，因为可以学习他人的经验。无论是自己的经验还是他人的经验，无论是个体的经验还是组织的经验，都是最珍贵的。因为生命对于每一个人来讲只有一次，你永远没有第二次机会让第一次重来。

练一练：如果请你分享一个最佳实践或经验教训，你会选择哪些方面的内容呢？

本节要点：根据知识的成熟度分为良构知识和劣构知识。良构知识是可直接使用的知识，而劣构知识通常需要再加工才可以广泛使用。

第二节　认识案例教学

案例是案例教学的前提。案例是围绕一个主题，用记叙形式描绘一个事件真实的信息，可为学习者创造出对话、分析问题和模拟决策的机会，但不是报告、日记、小说、故事、总结、论文。而案例教学是围绕一定的培训目的把实际工作生活中的真实情景加以典型化处理，形成供学员思考分析和决断的案例，并通过独立研究和相互讨论的方式来提高学员分析问题和解决问题能力的一种方法。

本杰明·富兰克林曾说："经验学校学费高，愚人旁处学不到。"很多经验都是从案例萃取而来，是前人智慧的结晶，虽然学费高，但你是在其他地方学不到的。

案例教学由两部分组成：一是案例部分；二是教学部分。应用案例实施教学就是案例教学。如果我们将案例教学比喻成一座冰山，那么案例就是冰山上面的部分，是事实部分，是看得见的部分；教学便是冰山下面的部分，是经验部分，是所以然的部分。案例是知识技能在场景下应用的结果，而知识是案例提取的精华，如图 6-4 所示。

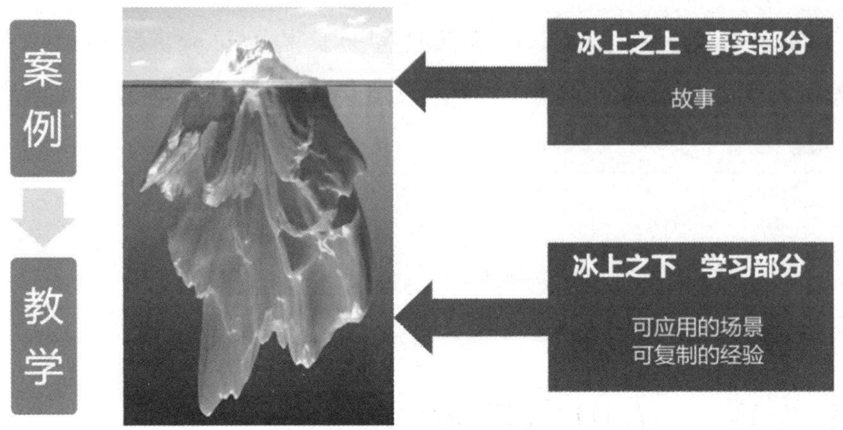

图 6–4　案例教学

想一想：在过去的学习中，令你印象最深刻的教学案例是什么？当时是什么让自己印象深刻？

我们经常听到“×× 真了不起，那么成功。”这些个体或组织的成功，如何帮助更多个体或组织成功？“×× 真的很倒霉，踩了好多坑，如今一败涂地。”这些个体或组织的失败，如何让更多个体或组织规避。牛顿曾讲：“如果说我比别人看得更远一点，那是因为我站在巨人肩上。”

如何实现个体或组织的智慧，像滚雪球一样在不断地增加，而不是像黑瞎子掰棒子一样，掰一个丢一个，到头来没有任何智慧沉淀。我们需要做到，不会因为人员的更迭让组织的智慧流失或减少，至少做到组织智慧的线性增长。只有像滚雪球一样立体地积累组织智慧，这个组织才真正有核心竞争力，才真正实现一个组织区别于另一个组织。

我们越早意识到组织经验的价值，越早提炼和萃取它，越早享受到组织智慧的红利，越少走弯路。让曾经的成功继续成功，曾经的失败极早避免。我们都知道：实践是检验真理的唯一标准。我们只有不断地向过去学习，向过去的自己和他人学习，才可以真正地站在巨人的肩膀上成长。也只有这样，才能真正做到向成功学方法，向失败悟教训。

如何才能做好经验价值的释放呢？核心是要将员工与企业智慧萃取出来，通过某种载体或渠道进行呈现和传承。方法很多，如制作成图书、视频、音频、课程、文章，当然也可以采用师傅带徒弟等方式进行传承。这里为大家分享的是通过设计案例教学的方式释放员工与企业的经验。设计案例教学需要回答两个问题：一个是教学案例设计；另一个是案例教学设计（见图 6–5）。

图 6–5　设计案例教学

案例教学首先要有教学案例。我们选用的教学案例模型为 C、A、P（Case、Answer、Point），即要有案例、问题和观点。

那么教学案例从何而来呢？萃取的基本原理是将有实践经验的人组织起来，应用案例萃取的方法，将员工与企业的智慧按照一定的逻辑和构架呈现出来。案例来源的基本要求是：真实的工作和生活一定是过去发生的，对未来有价值和意义的内容。

在制作案例时有两种视角：一种视角是我们有案例的框架，知道要什么案例，也知道谁可以贡献此案例，这种情况是有明确框架下精准萃取案例；另一种视角是我们没有整体的框架，并不知道会产出什么有价值的教学案例，需要通过萃取有经验人的智慧去挖掘和识别其经验的价值和意义，这种情况我们称之为无明确框架下萃取案例。

案例可能涉及一个人，也可能涉及一群人，可能是一件事，也可能是多件事，但对于教学案例一定是过去真实发生的更具现实和未来意义。通过对教学案例的挖掘，能够还原真相，使阅读案例的人能够身临其境，感同身受，习得技能。

首先，我们看一下教学案例中的第一个要素 C(案例部分)如何撰写。比较常见的案例结构是关键事件描述法的结构，即 ST（F）AR 法则，是情景 (situation)、任务（task）、感受（feel）、行动 (action)、结果 (result) 五项的缩写。

接下来讲一个在高速公路上开车爆胎的案例，说明案例描述结构。

情景：有一天，在高速公路上开车，车速 80 公里 / 小时，突然看到行驶的正前方有 3 块砖头，看到时已经来不及躲闪，直接轧着砖头过去了，只听砰的一声和嘀嘀的报警声。

任务：于是赶紧靠边行驶，确认后方无车后下车检查。

感受：有些紧张，不会爆胎了吧。

行动：当时检查了三个轮胎，没有发现问题，便上车继续前行，可是在行驶中依然有报警声，这次重点看了一下刚才没有检查的第四个轮胎。

结果：车辆的右前轮胎爆胎。

练一练：应用 ST（F）AR 模型描述教学案例中的案例部分？

情景：____________________

任务：____________________

感受：____________________

行动：____________________

结果：____________________

其次，我们看一下教学案例中第二个要素 A(提问部分)如何撰写。提问部分是教学案例的价值所在，即案例到底要解决什么问题。

比如在上述案例中要解决的问题是：

第一个问题：如何在高速公路上行驶的过程中提前避开类似砖头的障碍物带来的危害？

第二个问题：当车辆发出报警时，如何能够第一时间寻找到故障点？

当然，在上述案例中由于车速并不快，没有发生方向盘控制的问题。

当然，问这样的问题是非常有价值的。比如第三个问题：当车辆右前轮爆胎时，如何控制好方向盘，避免发生次生事故。

这些问题既可引发思考，同样需要回答，也是教学案例中教学部分的任务。

练一练：结合教学案例的情景提出要解决的问题？

最后，我们看一下教学案例中第三个要素 P（观点部分）如何撰写。观点部分，也是问题的答案部分。答案部分也是传统知识、技能教学内容的部分。观点部分一定要能回答提出的问题。

比如在上述案例中需要有三个问题的答案。

第一个问题：如何在高速公路上行驶的过程中提前避开类似砖头的障碍物带来的危害？

其观点或答案是：一是在高速公路上行驶要集中精力识别可能的路障，并提前变道；二是如果来不及变道，尽可能直接躲过障碍物；三是如果无法躲过障碍物，只能轧过障碍物，在提前减速并提醒后车的前提下，将车速降到最低，缓慢安全通过。

第二个问题：当车辆发出报警时，如何第一时间找到故障点？

其观点或答案是：一是当车辆发出报警时一定要找到问题再出

发；二是如果不能找到问题，要在安全的地带寻求专业的帮助。

第三个问题：当车辆右前轮爆胎时，如何控制好方向盘，避免发生次生事故。

其观点或答案是：如果是前轮爆胎，要握紧方向盘，调整车头，不要慌张地反复猛打方向盘，以免汽车出现强烈侧滑甚至掉头。然后慢慢减速，可以挂空挡或逐级减挡，松开油门踏板并反复轻踩刹车，将汽车缓慢靠边停下来。如果是高速路况下爆胎，车速低于 100 公里 / 小时后，再轻点刹车减速。

练一练：围绕既定案例中提出的问题给出相应的解决方案。

本节要点：一个完整的教学案例由案例部分和教学部分组成，而案例由情景 (situation)、任务（task）、感受（feel）、行动 (action)、结果 (result) 组成，教学部分由提问和观点组成。

本章总结：案例教学设计与开发理念

案例教学是一种场景化的教学策略。实施案例教学的前提是要有教学案例。教学案例是开展案例教学的基础。教学案例来源实践经验，是基于事实的经验萃取，其核心是隐性经验的显性化、标准化，甚至数智化。案例教学是教学案例应用的过程，是释放经验价值的过程，是场景化、结构化知识迁移。教学案例的质量决定了案例教学的质量。一个完整的教学案例由案例部分和教学部分组成。案例部分由情景、任务、感受、行为及结果组成，教学部分由提问和观点组成。案例教学让教与学的过程变得愉悦。

第七章

教学案例设计与开发

第一节　确定案例主题

确定案例主题见图 7-1。

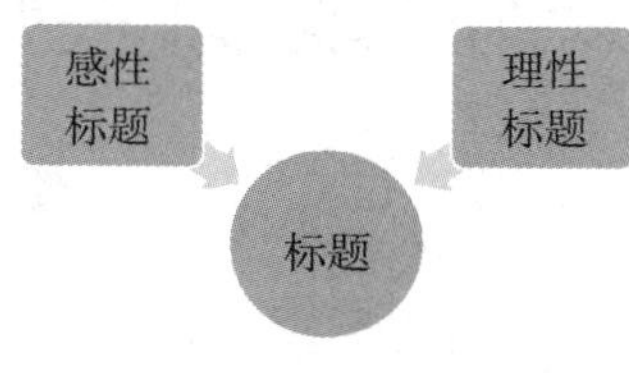

图 7-1　确定案例主题

想一想：让自己印象深刻的标题有哪些？

标题之所以让人印象深刻，是因为有所触动、吸引人……其实案例主题同样需要吸引、留住读者。

案例的主题，即案例的中心思想，通常可以从两个视角来定义：一个是案例受众者视角，称之为主标题；另一个是案例内容的视角，称之为副标题。主标题通常回答的是“为什么”的问题，是价值和意义的体现；而副标题通常回答的是“是什么”的问题，讲的是什么在创造价值。

如果为了吸引人的眼球，主标题是非常必要的；如果为了一目了然，副标题也是不可缺少的。所以，理想的状况是主标题和副标题都有。主标题是感性标题，而副标题是理性标题，感性标题和理性标题结合起来既能吸引人，又能吸引人欣赏和阅读。

如何定义案例的主题呢？可以从人、事、场三个维度来思考案例的主题。

人，指的是案例中涉及的角色、服务的对象。

事，指的是案例传递的内容是什么，是经验，是知识，是感悟，是理念……

场，指的是案例的应用场景，是用于课堂教学、案例分享、案例传播，还是总结复盘，同时也要考虑应用渠道，是线上还是线下，对于案例主题的设定还是有关键影响的。

当我们了解了这些，便可以定义案例主题。比如在高速公路上开车爆胎的案例。如果应用上述要求，又该如何定义呢？

首先，我们看案例中涉及的人或服务的对象，即驾驶员。

其次，看事，即预防爆胎及爆胎后的处置。

最后，看场，即现场教学、课程教学、视频教学均有可能。

了解这些信息时，我们便可以进行案例主题确定了。比如：主题标题可以是“高速公路开车爆胎不为人知的秘密”，副标题可以是“爆胎处置秘诀”。

案例的主题，可以从受众者或服务和内容两个视角定义主题，主要考虑的要素是人、事、场。你学会了吗？主题的定义可参照第七章第一节的内容进行案例主题的命名。

练一练：给自己要做的案例拟订一个主题吧？

主标题（案例受众视角）：________________________

副标题（案例内容视角）：________________________

本节要点：案例的主题，即案例的中心思想，通常可以从两个视角来定义：一个是案例受众者视角，称之为主标题；另一个是案例内容的视角，称之为副标题。在定义案例主题时，可以从人、事、场三个维度来思考。

第二节　规划案例情节

教学案例结构见图 7–2。

图 7–2　教学案例结构

想一想：教学案例的情节需要设计吗？

A. 需要

B. 不需要

如果要达到理想的效果，教学案例一定要做一些必要的设计。教学案例如同电影、电视中的故事情节，要进行设计才能达到预期的效果。接下来为大家介绍一种微笑曲线设计案例的方法。

应用微笑曲线厘清案例情节。一个完整的案例需要有背景、有情节、有结果三个部分。背景通常呈现的是案例的基本信息，以便知晓案例是在什么情况下发生的，包括但不限于时间、地点、人物、事件；在情节中要表述清楚到底发生了什么，当时的状态怎么样，都是如何处理的；在结果中要表述清楚各种情节最后的结果。

一个案例的主体部分是由各种各样的情节组成的，是案例中比较复杂的部分，为了更容易厘清案例情节的部分，这里给大家介绍一下微笑曲线工具。微笑曲线在编故事或艺术演绎时能够非常好地进行设计和规划，而在案例编制时，我们可以借鉴其方法对过去发生的事情进行梳理。

首先，应用ST(F)AR搭建案例的总体结构。包括案例背景，案例中任务、挑战或要解决的问题，各种角色的感受和状态，采取的各种行动，最后的结果，如图7-3所示。

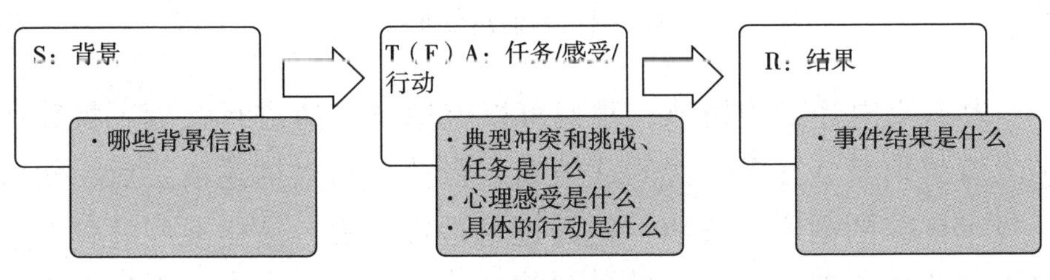

图7-3　案例总体结构

其次，应用微笑曲线工具厘清案例的情节。案例的情节除了直观的问题、冲突，还伴随着各种各样的情绪，而这些情绪与各种各样的问题相伴而生，理性的人与感性的人在遇到问题或冲突时的反应截然不同。即使遇到同样的问题，不同的人也会有不同的情绪。

不同的情绪是由不同的认知和价值观引发的，从而有了不同的处理方式。我们在梳理案例时，按照事情发生的先后顺序将各种情绪、情绪引发的各种行为和结果识别出来。案例中的情节是亲历者的认知和行为反应，这个过程对于阅读案例的人来说是一个照镜子的过程，是每个人自我认知的过程，更是案例区别没有生机的知识技能的魅力所在。

微笑曲线只是形象地表达案例中不同情节的发生过程。在真实的事件中，微笑曲线可能是直线，也可能是曲线，需要结合真实情况进行梳理和描述，如图 7–4 所示。

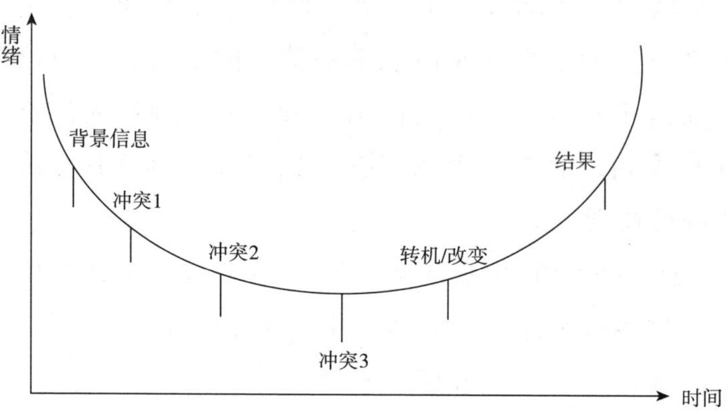

图 7–4 案例微笑曲线

为了架构好案例情节，我们可以应用场景树进行梳理。将案例的大背景信息、任务、感受或情绪、行动和结果描述清楚后，然后将每个部分的内容，按照一定的逻辑进行分解，这样案例的骨架就呈现在我们面前了，而后补足相应的信息，一个完整的案例就梳理出来了，如图 7–5 所示。

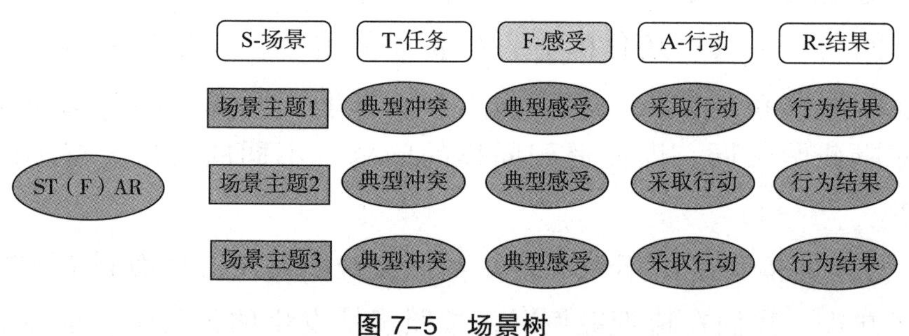

图 7–5 场景树

练一练：应用微笑曲线及场景树设计教学案例的场景。

微笑曲线设计：

场景树设计：

本节要点：教学案例常用结果由五方面组成，分别是案例背景，案例中任务、挑战或要解决的问题，各种角色的感受和状态，采取的各种行动，最后的结果。案例中的情景可以应用微笑曲线或情景树进行梳理或规划。

案例：教学案例设计工具

回忆一下本章的知识和方法，会发现是关于案例主题和场景规划的内容。现在可以结合所学开始确定案例主题和案例场景，如表7-1所示。

表 7-1　教学案例设计工具表

案例主题	主标题： 副标题：
案例场景	场景 1： 场景 2：

举例：教学案例

特别说明：这个案例式课程设计开发的最佳实践来自一期案例式课程设计开发培训班的学员作业，创作者为喻晓，这个作品应用了案例式课程设计开发模型和工具，经创作者本人同意，供广大读者交流和探讨。在阅读最佳实践时，读者重点学习案例式课程设计开发方法的应用，而非案例中的专业内容。由于案例中的专业内容为特定场景下、特别实践者的实践，并非广泛适用，仅供交流和探讨。读者可以结合书籍中的理念和工具，对照下面的应用实践，更好地理解案例式教学。

以下案例式课程设计最佳实践由五部分组成，分别是第一部分：教学案例；第二部分：案例教学设计；第三部分：讲师手册（省略）；第四部分：学员手册（省略）；第五部分：演示文档（省略）。

案例式课程设计最佳实践见表 7–2。

表 7–2　案例式课程设计最佳实践

编写人：喻晓

所属单位 / 岗位：供电公司 / 变电运维

编写日期：2020.8.14

案例主题	主题标题：从紧紧张张到遇事不慌 副标题：变电站跳闸事故汇报及处理流程				
服务对象	变电运维入职 0~5 年的青年员工	解决什么问题	掌握变电站跳闸事故汇报及处理流程	教学案例适用的环境	课堂培训案例教学
目标	学员在变电站发生事故跳闸的情况下，能运用“三步法”进行事故汇报，运用“六字口诀”完成应急处理，并完成相关的倒闸操作				
案例时长	5~10 分钟				
背景信息	小陈是一名入职 1 年多的变电运维青年员工，平时工作中遇到过一些低电压等级（10kV）开关事故跳闸的情况，会查看保护装置的报告记录，会检查现场设备状况，没有直接向调度做过事故汇报，也没有做过跳闸事故后的应急处理。 220kV 仿真变电站是小陈所在运维班管辖的变电站。				

续表

场景一：110kV 线路故障跳闸事故汇报及处理	2019 年 8 月 14 日 00：13，正在运维站值班的小陈和值班班长王工接到监控中心来电，说 220kV 仿真变 110kV 关凌线仿 163 开关跳闸，重合不成功，通知他们去现场检查设备情况并做汇报。王工和小陈接完电话就出发了，15 分钟后抵达仿真变。因为这是小陈第一次遇到 110kV 电压等级的事故跳闸，他内心很紧张。虽然大概知道自己的工作是检查站内单元设备，查看保护动作情况，如实向调度汇报，并等待调度的下一步指令，但他还是很担心自己会不会发生什么遗漏或错误。 小陈按照自己以前查看 10kV 线路事故跳闸信息的经验，去查看了 110kV 关凌线仿 163 开关线路保护装置报告，获取了如下信息： 2019 年 8 月 14 日 00：13
场景一：110kV 线路故障跳闸事故汇报及处理	零序二段动作，AN 距离二段动作，AN 重合闸 距离加速动作，ABC 故障测距 11.97km 小陈又去设备区查看了仿 163 开关单元设备情况，确认站内设备无异常后就返回主控室，准备同王工一起向调度做汇报。返回的路上，王工问："小陈你弄清楚这次跳闸事件的经过了吗？假如让你向调度汇报，你会怎么说？" 小陈回答："我不太确定。我会说 220kV 仿真变 110kV 关凌线仿 163 开关零序二段动作、距离二段动作，故障相别 A 相，重合闸动作后加速跳三相，重合不成功，故障测距 11.97km，检查站内单元设备无异常。" 王工笑了笑，说："还不完整，你待会儿听我是怎么汇报的，对比一下，找找区别。" 在主控室，王工电话联系调度，汇报如下： 2019 年 8 月 14 日 00：13，220kV 仿真变 110kV 关凌线仿 163 开关零序二段动作、距离二段动作，故障相别 A 相，故障电流一次值 4，481kA，重合闸动作后加速跳三相，重合不成功，故障测距 11.97km。综自后台仿 163 开关在分位，110kV 关凌线负荷为零，仿真变 110kV 母线电压正常。现场一次设备仿 163 开关在分位，检查站内单元设备无异常。 听完王工的汇报，小陈恍然大悟，自己果然有遗漏！ 完成汇报工作后，王工和小陈在仿真变等待调度的下一步指令。 2019 年 8 月 14 日 2:18，调度下令将 110kV 关凌线由热备用转检修（仿 163 开关冷备用），小陈和王工配合完成了相应倒闸操作。

续表

场景二：220kV 主变内部故障跳闸事故汇报及处理	2020 年 8 月 10 日 21：24，在运维站值班的小陈和王工接到监控中心的电话，说 220kV 仿真变 #1 主变三侧开关跳闸，报 #1 主变本体重瓦斯动作、差动保护动作，要求运维人员迅速到现场检查设备情况并汇报。王工、小陈立即出发，接上运维班吴班长一起前往仿真变，18 分钟后抵达目的地。 在车上的时候，吴班长问小陈：“小陈，你知道待会儿我们要做哪些工作吗？”小陈回答：“知道。我们要查看综自后台、保护装置、故障录波，去现场查看一次设备，然后向调度做汇报，最后按照调度指令完成相关倒闸操作。” “大概是对的，但还有遗漏，主变故障跳三侧开关，你想一下还有什么工作是比较紧急的？”吴班长接着问小陈。 “对！还有应急处理！倒换中性点、停用 10kV 备自投等！”小陈突然想起来。 前段时间小陈认真学习过事故处理流程的相关理论知识，所以内心并不慌乱，他心中已经拟订了一系列流程。 到达仿真变后，小陈查看了综自后台的报文、开关位置、母线电压情况，查看了 #1、#2 主变保护装置信息和故障录波信息，查看了设备区 #1、#2 主变设备状况、#1 主变三侧开关设备状况及位置，查看了 10kV 备自投动作情况及分段开关位置，在向吴班长做汇报预演后，吴班长同意由小陈向调度做汇报。
场景二：220kV 主变内部故障跳闸事故汇报及处理	小陈致电调度，汇报如下： 2020 年 8 月 10 日 21：24，220kV 仿真变 #1 主变本体重瓦斯动作、差动保护动作，跳高、中、低压侧三侧仿 201、仿 101、仿 901 开关。10kV 备自投动作，合 10kV 分段仿 900 开关。仿 #2 主变保护装置过负荷告警。 综自后台仿 201、仿 101、仿 901 开关在分位，仿 900 开关在合位，220kV、110kV、10kV 母线电压正常，仿 #2 主变负荷为 126.03MVA。 一次设备检查 #1 主变本体瓦斯继电器挡板动作，观察窗内有大量气体，#1 主变压力释放阀有喷油痕迹。设备区仿 201、仿 101、仿 901 开关在分位，单元设备检查无异常，仿 900 开关在合位。 汇报完成后，吴班长接过电话继续和调度沟通，表明他们首先会进行一系列应急处理，待应急处理完成后，再接调度令进行下一步倒闸操作。 吴班长带着小陈一起，完成倒换中性点、停用 10kV 备自投压板、加用 #2 主变跳低压侧分段压板的操作，停用了 #1 主变冷却器，投入了 #2 主变全部冷却器，然后返回主控室。 2020 年 8 月 10 日 23：03，调度下令将仿 #1 主变由热备用转检修（仿 201、仿 101、仿 901 开关冷备用），吴班长、王工、小陈一起完成了相应倒闸操作并布置好安全措施。
案例结果	面对变电站跳闸事故，小陈通过学习和积累现场经验，从一开始的紧张、担心到后来的沉着冷静，逐步掌握了变电站跳闸事故汇报及处理的技能。

续表

引发思考的问题	1. 场景一中，距离二段、零序二段保护的范围是什么？ 2. 场景一中，小陈的汇报遗漏了哪些内容？假如是你，你会怎么汇报？ 3. 场景二中，为什么要进行一系列应急处理？ 4. 还有哪些情况可能需要运维人员应急处理？ 5. 关于事故汇报：还有哪些信息是案例中没有提到，但可能对跳闸事故处理有帮助的？ 6. 关于应急处理：应急处理有没有最合理的先后顺序？
结构化的知识技能	1. 变电站保护配置情况概述。 2. 事故汇报“三步法”：装置、后台、现场。 3. 应急处理“六字诀”：“中”“失”“备”“跳”“站”“冷”。 4. 接令操作的类型：隔离故障点、非故障设备恢复送电。
应用的真实工作场景	变电站发生事故跳闸，无论是单一故障还是复合故障，无论是线路故障还是变电设备故障，都可以应用上述流程进行汇报及事故处理。 比如：变电站母线单元设备故障，母差保护动作出口跳闸的事故现场；220kV 线路故障保护动作，相应开关机构卡涩拒动，导致 220kV 失灵保护动作出口跳闸的复合故障现场。

第三节　设计案例问题

想一想：教学案例设计问题的核心价值是什么？

A. 案例与观点的桥梁

B. 承前启后

C. 承上启下

一个完整的教学案例是由 CAP（Case、Anwser、Point）组成。C 指的是案例部分，A 指的是问题部分，而 P 指的是观点部分。案例部分已经介绍，接下来介绍的是如何在教学案例中设计问题。问题是案例与观点的桥梁，发挥着承前启后、承上启下的作用。问题决定了观点，甚至决定了要传递的知识和技能。所以，一个好的问题，便是案例的明珠。

教学案例的应用场景决定了教与学交互是必要的，也是必然的。为使教与学聚焦，我们需要将案例与要传递的观点进行连接，而这个连接点便是问题。在实际案例教学过程中，无论是培训师还是催化师，在教学的过程中均需要通过结构化问题进行引导。

问题可以是案例中客观的、理性的事实性问题，也可以是主观、感性的感受性问题；可以是关于案例的思考和启发性问题，也可以是关于接下来的行动性问题。这种结构化的问题使得案例、问题和观点浑然一体。问题既来源案例，又服务案例，说它来源案例指的是在设计问题时至少能够在案例中找到出处，说它服务案例指的是问题能够触发案例内容的输出。

这种结构化的问题设计方法，我们称之为ORID（Objective-O实践-客观事实、Reflective-R感受-客观反射、Interpretive-I意义-事实分析、Decisional-D行动-基于事实的下一步行动），即焦点汇谈法（Focused Conversation Method），是一种结构化讨论的形式。

该方法常被用作对事实进行分析讨论，应用于案例教学再好不过了，简单明了，根据知识和技能的传递需要，或为了让受众了解案例的所以然，仅需要结合案例进行应用就好了。ORID，既可以完整使用，也可以根据案例核心观点表达的需要，有侧重地选用即可，如图7-6所示。

图7-6 焦点汇谈法设计问题

（1）Objective：The Objective Level of Thinking，关于事实性问题，引导受众者在案例中看到、听到、发生了什么，通常是一些直观的信息，从事实入手，便于开启讨论。只有将事实问题识别出来，后续讨论其他问题时，信息才完整、有效，避免信息缺失或不对称引发不必要的时间、精力的浪费。

（2）Reflective：The Reflective Level of Thinking，关于感受性问题，引导受众者从自己的角度思考，分享自己的感受是什么，是一种主观的、容易触发的、易于表达的。在阅读案例时，每个人都有自己的见解和感受。这个环节实际上会是千人千面，这些差异化的感受是由每个人的认知和价值观触发的。正因为有了差异化的感受，互教互学才更容易实现，学习和交流才会自然而然地发生。受众者在阅读和讨论案例时会表现出“喜、怒、哀、乐”等情感，有了这些情感，意味着案例已经与受众者建立了连接。

（3）Interpretive：The Interpretive Level of Thinking，关于思考性问题，是情感和智力迁移的过程。当我们提出这样的问题，意味着学员已经从案例受益，已经发生了情感的连接，转化为个人的认知和理解。无论是什么，个人学习已经发生。一个好的案例，不但能够移情，而且能够移智。

（4）Decisional：The Decisional Level of Thinking，行动性问题，是指通过案例学习下一步的行动是什么。行动是转化成生成力的必要条件，实践是检验真理的唯一标准。学习案例不是目的，目的是通过案例学习要在实际工作中停止什么、保持什么和开启什么，这是任何一个案例期望带来的结果。如果一个案例只问一个问题，建议问：通过对案例的学习，你的下一步行动会是什么？如停止、保持及开启什么？

当然，焦点汇谈法（ORID），不仅适用案例教学中设计问题，还适用日常工作中的沟通和讨论。比如：日常授课中提问、工作复盘研讨中提问等场景。可以采用的表述结构如下：在某案例或事情中，你印象最深刻的是什么？（O）当时的第一感觉是什么？（R）你是怎么想的？（I）你打算在未来的工作中如何应用？（D）

比如：笔者阅读了高速公路上开车轮胎爆胎的案例（O），非常欣慰能够提前认识到其危害和预防方法（R），如果没有提前的预防和专业的处置，真的会要人命（I）。所以，以后在高速公路上开车时，一定要提前避障，如果不能避障，一定要将风险降到最低（D）。

以上便是在教学案例中设计问题的方法。

一是客观性问题(Objective)，即从感官上获得的客观性问题，如看到了什么？发生了什么？有哪些信息？

二是反映性问题（Reflective），即引导学员阐述，帮助学员建立起与主题的关系，尤其是情感连接，如这让你联想到什么？让你有什么感受？什么让你感到惊讶/高兴？

三是诠释性问题（Interpretive），即深层次探讨，获得主题的意义、重要性、价值等，如为什么会发生？为什么重要？可以从中学到什么？

四是决定性问题（Decisional），即探讨新的方向、行动、计划与承诺，形成下一步的行动决定，如我们可以做什么？要作出什么决定？如何在工作中应用？我们如何做会更好？

案例：教学案例设计

C: 案例部分

1. 主题：乱了套的经理人

2. 背景：某公司业绩不好

3. 角色：刘某、新任经理、80后

4. 典型冲突：陈某的小聪明；李某的不配合；王某的不担当；统计部门的抱怨、业绩下降、张健的谈话

5. 感受：无助、压力、烦恼

6. 具体行动：开会、协调、发飙

7. 结果：一团糟，不欢而散

A: 问题部分

1. 主人公的问题都出在哪儿？

2. 如果你是他，你会怎么做？

P：观点部分

不要焦虑地盯住巨石，而是持续撬动。知识点：管理目标、管

理自我、管理团队。

练一练：应用 CAP 模型设计一个教学案例（见表 7–3）。

表 7–3　教学案例

教学案例主题	教学案例要素
C：案例	主题： 背景： 角色： 典型冲突： 感受： 行动： 结果：
A：问题（任选）	事实性问题： 感受性问题： 思考性问题： 行动性问题：
P：观点	核心观点： 支撑要素：

本节要点：结构化设计讨论问题时，围绕教学案例要实现的目的，应用焦点汇谈法，设计事实性问题、感受性问题、思考性问题和行动性问题，为案例的研讨创造条件。

第四节　萃取案例知识

我们都知道，案例是无法复制的，因为案例是过去发生的事情，从时间的逻辑上讲，　去不复返，而案例中涉及的知识和技能是可以复制的。接下来介绍如何从案例中萃取教学内容中的知识和技能。

如果将案例部分称为工作信息，那么教学部分可以称为教学信息。工作信息部分主要由各种任务组成，而教学信息部分则由知识技能组成，介于工作信息和教学信息之间的是由各种问题组成，这些问题连接案例与教学内容。知识萃取的流程参见图 7–7。

图 7–7　知识萃取的流程

教学内容是在回答案例中的某个或某些问题，回答问题的过程即经验萃取的过程。基本流程是基于案例中的信息提出关键问题，围绕问题梳理行为要点，按照一定的逻辑将行为要点提炼成方法和工具，最终形成观点或规律。

在教学内容萃取的流程中形成工作方法和提炼出理念规律是重点，也是困难的。说它重点是因为这是终点，说它困难是因为分类逻辑有很多种，需要选择最适合的逻辑。为了在逻辑上选择更加容易，倡导最容易理解的、行为迁移最近的、最有效支撑教学目标实现的原则，按照结论先行、横向分类、纵向分层的方法进行逻辑的架构。

经常使用的逻辑有三种，即时间逻辑、空间逻辑和程度逻辑。

时间逻辑，如昨天、今天、明天的表达，按照时间先后顺序表达；空间逻辑，如上中下、左中右、前中后的结构表达，按照分布位置进行表达；而程度逻辑，如好、很好、非常好的结构表达，按照递增或递减的方式表达。

当然，还有其他逻辑可以使用，这里就不赘述了。

举几个例子说明以下几种不同的表达逻辑，如图 7–8 所示。

首先，看一下时间逻辑的例子：如何将大象放进冰箱里？第一步打开冰箱门；第二步将大象放进去；第三步关上冰箱门。这便是时间逻辑。

其次，我们看一下空间逻辑的例子：冰箱是如何分区的？冰箱分为冷藏区和冷冻区。这便是空间逻辑。

再次，我们看一下程度逻辑的例子：冰箱冷藏区的温度分几档？高、中、低三档。这便是程度逻辑。

图 7–8　表达逻辑

当表达逻辑确定后，便需要基于结论先行将所有内容列出来，接下来按照以上统下、横向分类、纵向分层的原则即可将所有内容呈现出来，如图 7–9 所示。

基于逻辑的内容梳理。比如：表达一下职业生涯的 20 年。

时间逻辑：过去 20 年一帆风顺，一开始在总部工作顺利，后来去企业工作顺利，再后来去了职能部门工作也顺利。

空间逻辑：过去 20 年一帆风顺，不仅工作顺利、生活顺利，学习也顺利。

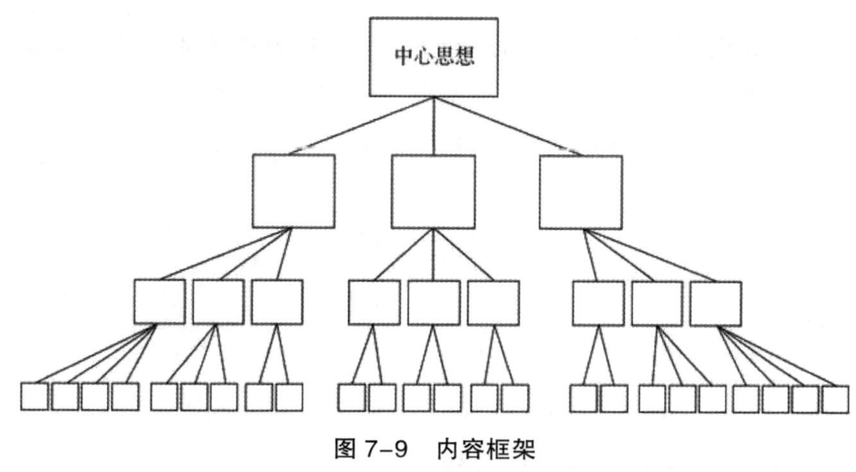

图 7–9 内容框架

程度逻辑：过去 20 年一帆风顺，职级提升顺，职务提拔顺，收入提高顺。

为了更加方便地萃取教学案例中的教学内容，可以用一张表格进行梳理。一是要回答的问题是什么？二是答案是什么？三是按照一定逻辑的桩子 1、2、3 分别是什么？四是每个桩子下的素材又是什么。以上是案例中的工作信息部分。五是技能点是什么？六是知识点又是什么？这是案例中的教学信息部分，这样便可以将所有的教学内容梳理出来（见表 7–4）。

表 7-4 教学内容梳理表格

问题：		
结论：		
桩子 1	桩子 2	桩子 3
素材 1、2、3……	素材 1、2、3……	素材 1、2、3……
技能点 1、2、3……	技能点 1、2、3……	技能点 1、2、3……
知识点 1、2、3……	知识点 1、2、3……	知识点 1、2、3……

本节要点：案例中萃取的知识更具复制和传承的价值，萃取的关键要素有案例信息、关键问题、行为要点、工具方法、理念规律。对于萃取出来的知识和技能应用时间逻辑、空间逻辑和程度逻辑呈现出来，以便学员学习。

第五节　构建知识模型

知识经过逻辑建构便形成结构良好的知识，便于复制和传承。

想一想：一篇没有框架的案例什么样？

在教学案例中，教学内容是落脚点，一切为了学以致用。为了做到这一点，基本要求是在工作需要案例中的知识或技能时能够想到它、记起它。建立起记忆的钩子非常重要。而这个钩子便是知识模型，在模型中既有内容，又有形式，符合全脑学习的需求，如图 7-10 所示。

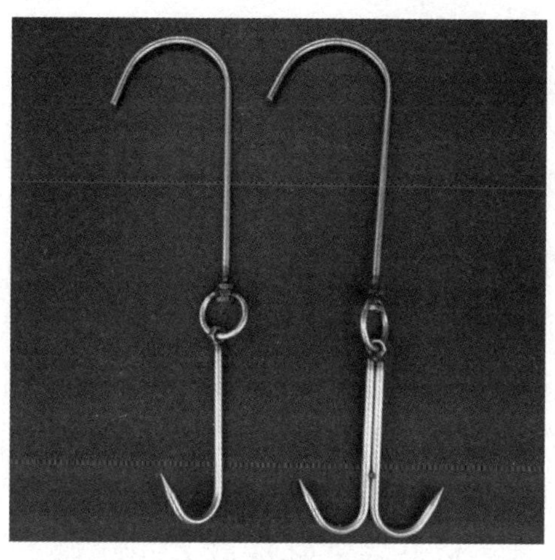

图 7-10　记忆的钩子

这要求我们在搭建知识模型时，既要考虑传递的内容，又要考虑呈现的形式。当所有教学内容呈现在我们面前时，要清楚源头在哪儿，主线在哪儿，这样才可以构建知识模型。知识模型是对教学内容的精加工。

根据案例中的教学内容可以搭建一个或多个知识模型，方便记忆和应用。搭建知识模型，首先要保持与教学内容中的知识技能的逻辑是一致的，其次要遵循方便记忆的原则。

关于知识技能的逻辑部分，我们已经分享过，包括时间逻辑、空间逻辑和程度逻辑。

本节重点分享如何围绕方便记忆的视角构建知识模型，模型通常是由一张有逻辑的图来表达的，图上既有内容，又有画面感，如果能够做到三易，即易懂，一目了然；易记，一下记住；易用，一用就对，着实不错（见图 7-11）。

图 7-11 三易

易懂，助力学得快：在搭建知识模型时，在保持原意和逻辑的前提下，做到一目了然，一看就懂，避免歧义和误导。构建的基本原则是联结原则，一看到知识技能模型便可联结到案例中的情景及工作中的情景，有画面感。

具体做法是，选择最能代表核心内容的关键字、关键词，在数量上宜少不宜多，基本标准是能够看出逻辑、看出关系、看懂意思。

易记，助力记得住：在方便记忆上，坚持少即是多的原则。第一原则是要少而精，在结构上要分块，在数量上越少越好，7±2 个是比较理想的区间，最多不要超过 9 个，不怕少；第二原则是要分块原则，按照现有内容逻辑架构即可；第三原则是朗朗上口，可以借鉴诗词、歌赋或故事的写法，能对仗的对仗，能押韵的押韵。一切为了易记，只有记住，才有用的可能。如果都想不起来，何谈应用呢？

易用，助力用得好：搭建模型最终是为了学以致用。在工作中需要时，能够第一时间想到知识模型，将最重要的内容在工作中反复用。既然知识模型是为了应用，那么在学习时一定将其放到最重要的位置，如做成挂图放在学习或应用的场景中；或放在学员手册的封面；或做成教学散页。同时，为了记忆，可以以不同的方式反复出现。在课程结束之后，也可以检视一下是否记住。做成卡工具、故事都是非常不错的选择。

我们做好的知识模型长成什么样子？我们选择了第四野战军的战术口诀作为例子进行说明（见图 7-12 至图 7-14）。

第一个例子：三猛战术——猛冲、猛打、猛追。

图 7-12　三猛战术模型

第二个例子：一点两面——集中兵力大一点，兵力部署两面甚至多面。

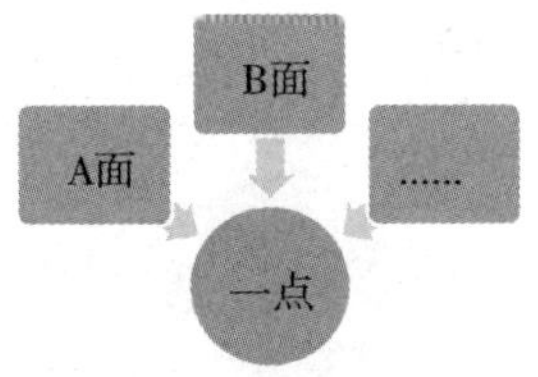

图 7-13　一点两面模型

第三个例子：三三制——以三人为一个战斗小组，选择已有经验战士为组长。冲击时以倒三角队形，避免人员集中造成不必要的伤亡。

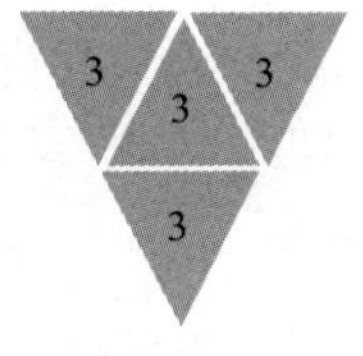

图 7-14　三三制模型

知识模型，是教学内容的精髓，是骨架，不仅有内容，还有形式。在内容传递上满足左脑接收理性信息的偏好，在呈现形式上满足了右脑接收感性信息的偏好，可谓大脑友好型的设计理念。

练一练：结合编制的教学案例中所涉及的知识，选择适合知识建构逻辑萃取知识模型。

第六节　开发案例教学资源

案例教学资源见图 7-15。

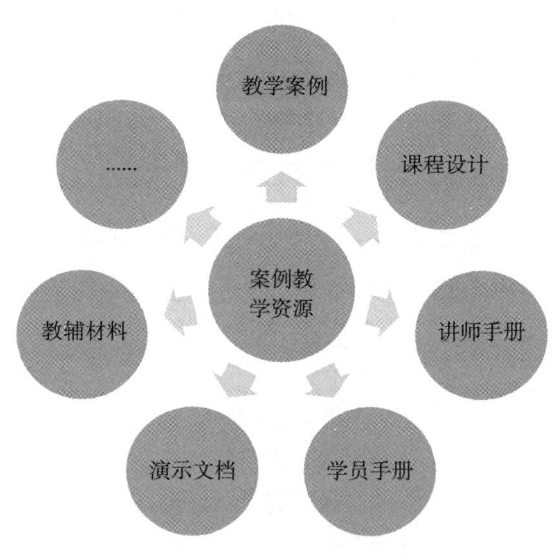

图 7-15　案例教学资源

想一想：在实施案例教学时，我们需要哪些配套的教学资源才能满足交付的需要呢？

A. 教学案例

B. 讲师手册

C. 学员手册

D. 演示文档

E. 教辅材料

F. 云端资源

案例教学过程中需要的教学资源取决于案例教学是如何设计的，围绕设计开发教学资源是最明智的选择。案例教学的教学资源包括教学案例部分的资源和教学过程中需要的资源。教学案例部分包括案例、问题和观点相关内容，而教学过程需要的资源包括教学过程设计、讲师手册、学员手册和教学散页。

教学案例设计部分之前已经讲过了，而教学案例开发是将案例、问题和观点的详细内容，用文字的方式呈现出来，也可以对教学案例进行深度加工，如做成视频、情景剧等。这里重点讲解一下案例教学过程需要的教学资源开发部分。

案例教学过程设计之前讲过总体流程和要求，实际在案例教学过程设计时是需要详细描述的。而案例教学的教学资源开发，与普通的教学资源开发方法和工具基本相同，只是案例教学的过程可以更加结构化，同样需要基于教学设计进行教学资源开发。

案例教学过程的设计流程是 OPDMPC，即开场、案例呈现、案例讨论、总结分享、强化练习和收场。在案例教学资源开发的环节需要将这些设计的内容呈现出来。

如果了解教学设计，我们都知道在教学设计时，首先要说明课程的基本信息，包括课程名称、课程对象、课程时长和教学目标，以及对于教学环境的相关要求。其次，对教学内容、时长、教学活动、教学过程、需要的资源、讲师手册、学员手册、演示文档及其他需要开发的载体和形式进行详细的设计描述。

教学资源设计有专门的工具表单可用，直接应用案例教学过程和资源设计工具将其呈现出来即可。当案例教学设计完成后，按照设计进行相应资源开发即可，通常会有讲师手册、学员手册、演示文档和教学辅助内容。

讲师手册服务于讲师，是讲师授课的脚本，也是知识传承的基础，可以用其复制更多讲师。讲师手册依据教学设计进行开发是最完备的，按照教学过程将全部内容呈现出来，包括演示文档的部分、学员手册的部分及教学辅助部分均详细呈现出来。这些内容是按照教学设计详细开发的，设计中有什么，呈现出来就好。如果在讲师手册开发过程中发现设计需要调整的地方，可以再回到设计中进行优化和完善。设计开发是一个敏捷开发的过程。

学员手册服务于学员，可以用于课堂互动、课后备查。学员手册也是依据教学设计进行开发，通常由三部分组成：必须知道的、知道会更好的和去哪儿找到更多。在实际教学过程中，学员手册的互动价值常常被忽视，其实我们将之前的做法做些小的调整，可以很好地发挥其价值。比如：关键的填空、空白、容易引发学员关注、容易触发学员思考、容易引发学员渴望，学员手册的价值就释放出来了。当然，也可以做提问、连线、判断、任务、讨论等设计。

演示文档服务讲师与学员的教学过程，演示文档依据教学设计进行开发，通常有标题、目标页、模型、目录、内容、结束页等。演示文档不是文字的堆砌，是教学交互的载体，突出重点，强化难点，促进学习。在演示文档中减少文字，多用图表，便可达到少即是多的效果。在制作文档时，倡导风格统一，内容简约，重点突出。基本原则是色彩宜少不宜多，文字宜大不宜小，结构宜简不宜繁。

教学辅助材料服务教学过程，可能是培训师用，可能是学员用，也有可能是共用。根据教学需要开发即可，可以是挂图、散页、视频、图表等促进教及学的材料。通常情况下，教学辅助材料会在教学过程中的特定过程中使用。

教学资源是教学交付的条件，只有设计没有教学资源，如同画饼充饥，如同无源之水。有了教学资源，不仅让教学过程更加有序，还让传承更加顺利。当然，教学资源也不是一成不变的，需要根据应用场景的不同做出必要的优化和迭代。有了教学资源，剩下的就是放到教学过程中发挥其价值、验证其价值。

练一练：结合教学案例设计案例教学过程。

本节要点：案例教学资源的多少取决于案例教学设计中需要什么，至少要有教学案例相关的内容。

案例：案例教学设计工具

案例教学设计工具见表 7–5。

表 7–5　案例教学设计工具

主题	**主标题：从受众视角定义课题名称** **副标题：从内容视角定义课题名称**								
对象	是否满足课程学习的基本条件，并且精准满足其需求								
时长	45 分钟 / 学时								
目标	学员在____条件下，应用_____工具、方法做______，实现_____结果								
教学准备									
课程模块	模块时间	模块目标	模块内容	教学活动	教学过程描述	PPT	讲师手册	教学散页	学员手册
课程导入									
模块一			单元 1	案例呈现	步骤一：讲师分发案例 步骤二：学员阅读案例，并结合问题进行标注				

续表

主题	主标题：从受众视角定义课题名称 副标题：从内容视角定义课题名称									
对象	是否满足课程学习的基本条件，并且精准满足其需求									
时长	45 分钟 / 学时									
目标	学员在____条件下，应用_____工具、方法做______，实现_____结果									
教学准备										
模块一			单元 1	分析讨论	步骤一：讲师提出思考问题 步骤二：学员独立思考，并将自己的思考写在学员手册上 步骤三：学员在组内进行分享和讨论，小组内共享，并代表本组进行发言 步骤四：讲师结合学员的发言进行引导，并提出启发性问题，进行深度讨论和反馈点评					
				总结方法	步骤一：讲师结合案例场景，引申知识点并进行分享和讲解 步骤二：讲师演示和示范					
				强化练习	步骤一：讲师设置练习场景，请学员练习，过程中提供必要的辅导 步骤二：学员根据练习要求独立或分组进行练习					
课程收尾										

案例：案例式课程设计

案例式课程设计见表 7–6。

表 7–6　案例式课程设计

<table>
<tr><td>课程名称</td><td>主标题：“三步法”“六字诀”，事故处理轻松学
副标题：变电站跳闸事故汇报及处理流程</td></tr>
<tr><td>培训对象</td><td>变电运维入职 0~5 年的青年员工</td></tr>
<tr><td>培训人数</td><td>20~30 人</td></tr>
<tr><td>时长</td><td>1 学时（60 分钟）</td></tr>
<tr><td colspan="2">学习目标：学员在学习完本课程之后，可以在变电站发生事故跳闸的情况下，能运用“三步法”进行事故汇报，运用“六字诀”完成应急处理，并完成相关的倒闸操作
教学重点：“三步法”“六字诀”
教学难点：变电站保护配置情况概述
学员课前准备：了解变电站可能发生哪些类型的跳闸事故，大致了解变电站保护配置情况
师资课前准备：准备好案例、课件、奖励小礼物</td></tr>
<tr><td colspan="2">场地及分组：</td></tr>
</table>

续表

模块	模块时间/分钟	单元目标	单元内容	教学活动	教学过程描述	时间/分钟	资源/专家确认	讲师手册	演示文档	学员手册	教辅材料
开场	10		主题介绍		步骤一：欢迎大家参加此次培训 步骤二：今天要学习的课程是“三步法、六字诀，事故处理轻松学——变电站跳闸事故汇报及处理流程”	1		题目页	题目页	题目页	
			讲师介绍		步骤一：各位学员可能不太认识我，我先做个自我介绍 步骤二：我的名字叫俞尧，是不是很拗口？我也觉得很拗口 步骤三：这不是我的名字，请学员帮忙，各添加一个偏旁部首，找回我真正的名字 步骤四：我叫喻晓，在供电公司上班，家有两个孩子，爱好电影、羽毛球、NBA，有共同话题的学员，欢迎课后来交流	1		自我介绍页	自我介绍页	无	
			建立联系		步骤一：各位学员都是变电运维岗位的员工，相信平时工作中都遇到过事故跳闸的情况 步骤二：每位员工在学员手册上写下自己经历过的事故跳闸种类（任意分类标准）（2 分钟） 步骤三：按桌分为 6 个小组，每个小组内部相互交流一下，选出遇到过跳闸种类最多的人，作为代表讲出来（2 分钟） 步骤四：恭喜这 6 位员工，你们当选各组组长	4		建立联系	跳闸分类标准：按电压等级、故障类型、设备类型等	跳闸种类留白页	

续表

模块	模块时间/分钟	单元目标	单元内容	教学活动	教学过程描述	时间/分钟	资源/专家确认	讲师手册	演示文档	学员手册	教辅材料
开场	10		课程目标		步骤一：学员在学习完本课程之后，可以在变电站发生事故跳闸的情况下，运用“三步法”进行事故汇报，运用“六字诀”完成应急处理，并完成相关的倒闸操作 步骤二：大家在学习过程中，把自己觉得很受启发的地方记录在启发记录表中，课程结束时，评选出受启发最多的小组，给予奖励	2		培训目标	培训目标	培训目标	
			课程框架介绍		步骤一：学员可能会好奇，什么是事故汇报的“三步法”？什么是应急处理的“六字诀” 步骤二：本次课程的整体框架都是围绕“三步法”和“六字诀”，在PPT上将内容放映10秒，关闭，请学员口述出来 步骤三：再次放映正确内容，请学员填写在学员手册上	2		课程框架介绍	“三步法”“六字诀”内容页，以及关闭	“事故汇报方法”留3个空，“应急处理内容”留6个空	
模块一：“三步法”学会事故汇报	25		单元1：三步法	P－案例呈现	步骤一：学员阅读案例的场景一（学员手册上）	2		案例一完整版	场景一：110kV线路故障跳闸事故汇报及处理（正常一次接线图、装置截图）	案例一留白页	

续表

模块	模块时间/分钟	单元目标	单元内容	教学活动	教学过程描述	时间/分钟	资源/专家确认	讲师手册	演示文档	学员手册	教辅材料
模块一："三步法"学会事故汇报	25		单元1：三步法	D－分析讨论	步骤一：提问：案例中的距离二段、零序二段保护的范围是什么？学员独立思考，快速举手回答。介绍变电站保护配置对事故初步判断的作用（1分钟）跳转至M–总结方法的步骤一 步骤二：汇报遗漏了哪些内容？假如是你，你会如何汇报？学员在组内进行分享和讨论，小组内形成共享，组长代表本组进行模拟汇报（3分钟） 步骤三：点评发言，说出正确答案，引出规律——"三步法"跳转至M–总结方法的步骤二	8		2个问题	2个问题	模拟汇报留白页	
				M－总结方法	步骤一：变电站保护配置概述 步骤二："三步法"具体展开介绍	10		1. 保护配置知识点 2. "三步法"知识点	变电站保护配置概述（大概念）"三步法"展开介绍（关键词）	PPT挖空，写一部分、留白一部分	
				P－强化练习	步骤一：学员阅读场景二（学员手册） 步骤二：学员独立完成模拟汇报，写在学员手册上	5		案例二完整版	场景二：220kV主变内部故障跳闸事故汇报及处理（故障后的一次接线图、	案例二留白页	

续表

模块	模块时间/分钟	单元目标	单元内容	教学活动	教学过程描述	时间/分钟	资源/专家确认	讲师手册	演示文档	学员手册	教辅材料
模块一："三步法"学会事故汇报			单元1："三步法"	P－强化练习	步骤三：说出正确答案，学员对照检查	5		案例二完整版	装置截图），学员完成练习后展示正确答案	案例二留白页	
模块二："六字诀"学会事故处理	20		单元2："六字诀"	案例呈现	步骤一：学员继续阅读案例二（学员手册上）	1		案例二完整版	场景二：220kV主变内部故障跳闸事故汇报及处理（故障后的一次接线图）		
				分析讨论	步骤一：提问 1. 场景二中为什么要进行一系列应急处理（结合一次接线图看） 2. 还有哪些情况可能需要运维人员应急处理步骤二：1、2、3组组内讨论第一题，4、5、6组组内讨论第二题，各小组组长发言 步骤三：结合学员的发言进行引导，表明应急处理的必要性	5		2个问题	2个问题	无	

续表

模块	模块时间/分钟	单元目标	单元内容	教学活动	教学过程描述	时间/分钟	资源/专家确认	讲师手册	演示文档	学员手册	教辅材料
模块二："六字诀"学会事故处理	20		单元2："六字诀"	总结方法	步骤一：介绍应急处理"六字诀" 步骤二：应急处理完成后，接调度指令进行倒闸操作：隔离故障点、非故障设备恢复送电。完成全部事故处理流程 步骤三：播放倒换中性点操作视频	10		"六字诀"内容	"六字诀"内容倒换中性点操作视频	PPT挖空，写一部分、留白一部分	
				强化练习	步骤一：一个复合故障，请学员练习进行哪些应急处理，写在学员手册上 步骤二：说出正确答案，学员对照检查	4		复合故障内容，应急处理内容	复合故障内容及一次接线图	复合故障内容，留白	
收场	5	学习总结			步骤一：回顾知识点事故汇报（含保护配置、"三步法"内容） 步骤二：回顾知识点事故处理（含"六字诀"内容、接令操作）	2		知识框架	知识框架	无	
		行动计划			步骤一：布置课后思考 1. 还有哪些信息是案例中没有提到，但可能对跳闸事故处理有帮助的 2. 应急处理有没有最合理的先后顺序 步骤二：各位学员在群里提交自己的答案，相互交流学习	1		课后思考题	课后思考题	课后思考题	

续表

模块	模块时间/分钟	单元目标	单元内容	教学活动	教学过程描述	时间/分钟	资源/专家确认	讲师手册	演示文档	学员手册	教辅材料
收场	5	奖励学员（个人、小组、证书、合影）			步骤一：统计各组启发记录表的条数，总条数最多的小组，每位成员获得奖励 步骤二：其他成员，获得纪念品 步骤三：全班合影留念	2		无	无	无	
						60					

本章总结：教学案例设计与开发工具

本章介绍了教学案例设计与开发的工具和方法。教学案例设计主要包括确定案例主题、案例情节设计、案例问题设计、知识萃取流程、萃取逻辑选择及知识模型建构，而案例教学资源开发主要包括教学案例的开发及案例教学实施需要的资源部分，本章重点介绍了教学案例开发的内容，通用的教学资源开发参照五四模型应用。

· 教学案例主题有两个命名视角：一是面向受众的感性标题；二是面向内容的理性标题。

· 案例情节包括背景、任务、感受、行动和结果方面的内容，在情感设计方面介绍了微笑曲线；在情境规划方面介绍了场景规划树。

· 案例问题设计时主要介绍了 ORID 焦点汇谈方法，该方法包括事实性问题、感受性问题、思考性问题、行动性问题的结构化设计方法。

· 知识萃取是基于案例情景对预设问题的回答，其萃取的过程是基于案例信息，预设关键问题，整理行为要点，描述工具方法，最后提炼理念规律。

· 在知识建构的逻辑选择上，可以根据知识传播的需要选择合适的建构逻辑，主要建构逻辑有时间逻辑、空间逻辑和程度逻辑。

· 构建知识模型时，在遵循一定逻辑的前提下，坚持易懂、易记和易用的原则，将知识体系中的要素、关系和作用系统化地呈现出来，便于知识的传承和转化。

案例教学设计与开发和通用教学设计与开发比较，增加了教学案例部分，而且案例教学的过程设计更加结构化，其结构由六个关键步骤组成，分别为开场、案例呈现、分析讨论、总结方法、强化练习、收场。教学资源开发按照教学设计的要求呈现出来，包括但不限于教学案例、讲师手册、学员手册、演示文档、教辅材料、云端资源等教学设计中需要开发的教学资源。

表 7–7　案例教学设计与开发工具

<table>
<tr><td>主题</td><td colspan="9">主标题：
副标题：</td></tr>
<tr><td>对象</td><td colspan="9"></td></tr>
<tr><td>时长</td><td colspan="9"></td></tr>
<tr><td>目标</td><td colspan="9">学员在____条件下，应用____工具、方法做______，实现 ____结果</td></tr>
<tr><td>教学准备</td><td colspan="9"></td></tr>
<tr><td>课程模块</td><td>模块时间</td><td>模块目标</td><td>模块内容</td><td>教学活动</td><td>教学过程描述</td><td>演示文档</td><td>讲师手册</td><td>教学散页</td><td>学员手册</td></tr>
<tr><td>开场</td><td></td><td></td><td></td><td></td><td></td><td></td><td></td><td></td><td></td></tr>
<tr><td rowspan="4">模块一</td><td></td><td></td><td rowspan="4">单元 1</td><td>案例呈现</td><td>步骤一：
步骤二：
……</td><td></td><td></td><td></td><td></td></tr>
<tr><td></td><td></td><td>分析讨论</td><td></td><td></td><td></td><td></td><td></td></tr>
<tr><td></td><td></td><td>总结方法</td><td></td><td></td><td></td><td></td><td></td></tr>
<tr><td></td><td></td><td>强化练习</td><td></td><td></td><td></td><td></td><td></td></tr>
<tr><td>收场</td><td></td><td></td><td></td><td></td><td></td><td></td><td></td><td></td><td></td></tr>
</table>

当我们将案例教学的所有资源开发完毕，接下来就是案例教学的最后一部分内容，即案例教学实施与迭代方面的内容！

第八章
案例教学实施与迭代

第一节　OPDMPC 案例教学流程

在这里介绍一个比较容易操作的流程，为方便记住这个案例教学过程，我们将案例教学流程的关键动作名称用英文的第一个字母代替——OPDMPC，即 Open（开场）、Present（案例呈现）、Discuss（分析讨论）、Method（总结方法）、Practice（强化练习）、Close(收场)。案例教学天然重塑了教学体验，过程完全是以学员为中心，以结果为导向，以脑友好型为宗旨的教学理念，如图 8-1 所示。

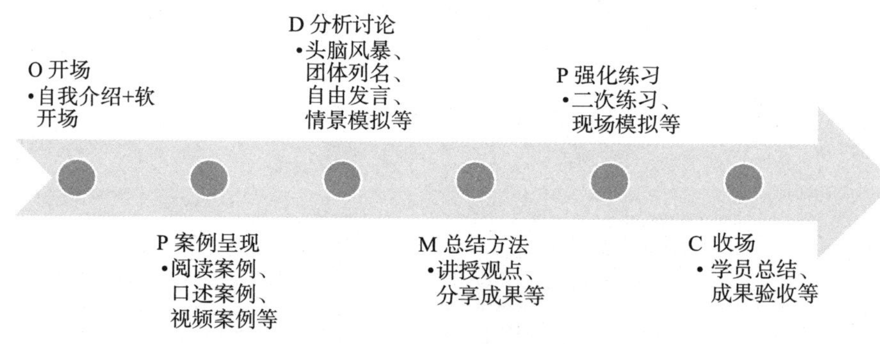

图 8-1　案例教学实施流程

第一步，Open- 开场。让学员意识到此案例与己有关，对己有用。首先，与学员有关。比如：一开场便问，大家在工作中有没有遇到某情况，一一列举，请学员选择或补充；通过类似的活动，让学员自发地认识到案例就发生在身边，与自己是有关系的。接下来，请大家识别可能的风险和收益，让学员意识到对自己有用。比如：如果我们没有处理好此工作，最严重的后果是什么？带来的收益是什么？与身边的同学交流一下。

第二步，Present- 案例呈现。案例教学拥有天然的互动式教学的属性。只是很多的培训师不能很好地应用。有的培训师在实施案例教学时，会自己将案例当作知识点和技能点向学员进行讲解，其实这样做，培训师自己学习了，学员并没有发生学习，原因在于学员没有发生学习动作，只是当作信息听了一遍而已。

在笔者看来，好的教学不是培训师讲的越多越好，而是学员学的越多越好。建议的做法是：讲师将事先准备好的教学案例上的案例部分分发或展示给学员，并简述案例阅读规则和简要，而后提出教学案例中的问题，请学员带着问题阅读。

第三步，Discuss- 分析讨论。案例相当于为学员提供了一个学习的场，通过对案例中情景、角色、任务、工具、成果等分析交流，达到在场景中学习的目的，原因在于场景中多是真人真事。一个好的分析讨论过程至关重要，直接关乎学习效果的好坏。关键的任务有三个：一是个体阅读思考；二是通过分组讨论，实现互交互学；三是通过讨论成果展示，实现更大范围的学习发生。分析讨论环节，我们可以采用头脑风暴、世界咖啡、开放空间、团体列名等研讨方法加速案例研讨的效率。

第四步，Method- 总结方法。案例教学，分析讨论不是目的，通过分析讨论，让学员识别出解决问题的知识和技能是关键。学员及培训师在这个环节重点进行的是通过案例学习知识和技能，如果将案例比喻成冰山上面的部分，而知识和技能便是冰山下面的部分。

学员能够带走的也是自己理解的那部分，为了让学员更深刻地理解，最好的办法让学员自己讲述出来，让他人进行点评，培训师进行必要的补充或引导，以便学员将案例中的知识和技能转化成自己的知识和技能。

总结方法环节与传统知识技能教学最大的不同在于，在案例教学中是由学员总结出来的，培训师做识别和引导，而且学员是学习的主角。

第五步，Practice- 强化练习。学以致用是根本，通过案例需要举一反三，联系真实的应用场景，进行反复练习，才能更加广泛地解决问题。通常案例中的情境不能面面俱到，多是典型的、重要的、带来重大影响的，而现实工作中会更加复杂多样。因此，我们在强化练习环节，根据课前调研或现场学员的真实需求、设定场景、安排练习、组织分享。如果强化练习在课堂上条件受限的情况下，可以安排课后练习和分享，达到学以致用的目的。

第六步，Close- 收场。收场环节，每位学员总结自己学到了哪些知识或技能？在未来工作中最近的一个行动会是什么？还有哪些疑问需要交流？

在案例教学实施的过程中分析讨论节至关重要，这个环节决定了案例教学的效果，是重点，也是难点。重点是因为研讨过程直接决定案例教学效果，难点是因为有意义的研讨过程设计是困难的。为提高案例教学研讨效率，研讨环节需要精心设计，接下来分享几个常用的研讨方法。

第二节　问题风暴法

首先介绍的是问题风暴法，有了好问题才有好答案。问题风暴法是一种协作的、促进创造性思维并解决问题的方法；促进团队提出更多的问题，找到更多的方向，并探询问题解决的更多可能性。在案例教学中，通常都有预设问题，而且有预设答案。当然，如果能让学员提出更多的问题，也是很好的案例教学方法。

第一步，从教学案例中挑选一个真实的问题。

· 写下问题：在一张白纸上，写下你在案例中发现的或在工作中遇到的真实问题，对你而言重要的、紧急的问题。

· 选择问题：将写出来的问题顺时针传递给组内其他人，在你接收到的感兴趣的问题上做出统一的标志：★。

· 统计问题：拿到那张白纸时，统计★的个数，并找出组内得★最多的人，这就是团队决策出来的结果。

这个问题的提出者就是主题发起人。

第二步，确定谁来担任引导者。

· 不能由主题发起人担任。

· 最好不是一个写字特别快的人。

· 最好是一个有意训练自己养成空杯习惯的人。

这个角色就是引导者或催化师。

第三步，确定一个现场记录者。

最好是一位写字速度较快的人，可以毛遂自荐，也可以推荐伙伴。

这个角色就是记录者。

第四步，其他人是什么角色呢？

其他人都是发问，主要任务就是针对主题尽可能多地提出问题。

案例：问题风暴法的整体设计

时间：45 分钟。

主题发起人：倾听，而非回应！

催化师：主持，且保持中立！

记录者：倾听，并快速记录问题！

发问者：针对主题，可以向任何人提出任何问题；提出的问题越多，问题的角度越新奇，对现状和常规的质疑越多越好。

（1）问题风暴法的操作指南

步骤一：主题发起人花 1~2 分钟介绍自己碰到的难题和挑战。

步骤二：催化者向其询问 5~7 个问题，可以应用 ORID 焦点汇谈法进行提问，了解更多问题的背景信息，并澄清问题解决的目标，确保发问者都能听到（这部分问题不需要记录）。

步骤三：记录员就位，催化者站立，主题发起人坐在白板旁边。

步骤四：催化者按一定的节奏促进大家自由提问，平衡好记录员的记录进度及大家思考和提问的流畅性。

步骤五：当问题数量是发问者人数的 7~8 倍时，便可结束提问环节，而后进入下一个环节。

步骤六：将问题进行分类和排序，并进行有针对性的研讨。问题分为关键的问题和方向，好的问题和方向，以及已深入思考或无关的问题和方向。

步骤七：对可能的问题进行深入探讨，最后探索关键问题和好问题。

（2）问题风暴法的阶段

第一阶段：制定明确的目标，使尽可能多的事实和假设浮出表面。

第二阶段：生成问题、提出问题用“我”或者“我们”。首先追求数量，包括那些没有回答的问题、没有解释的问题、好奇的问题、开放性问题。

第三阶段：选择关键问题，寻求解决方案。

对的问题，才是对的方向！

第三节　团队列名方法

在案例教学研讨的过程中，关键任务是知识技能的迁移和转化。因此，学员的广泛参与是非常必要的，而团队列名方法可实现这样的效果。团队列名最大限度地收集小组成员的意见，使团队成员的意见得到更充分的表达，防止研讨由少数人控制的集体讨论。

（1）应用场景

· 打破思维局限性，获得富有创意的想法。

· 激发团队能量，建立团队认同感。

· 团队中存在少数有权威性人士（地位、专业等）。

（2）作用

· 避免大嗓门效应。

· 最大限度地收集小组成员的意见。

案例：团队列名的实施过程设计

一、主持人发言

（1）陈述并澄清议题。

（2）规定时间并安排计时员。

（3）安排记录人员。

（4）说明规则。

（5）鼓励所有人思考。

二、个人独立准备

（1）规定独立准备时间及每个人需要提供的观点数量。

（2）小组成员思考并记录自己的观点。

（3）不允许讨论。创造一个安静的环境，主持人一般不在这个过程中说话。

三、小组发言

（1）按顺序轮流发言。

（2）一次只讲一条，别人讲过的就略过。

（3）没有意见就可以略过。

（4）穷尽所有人的意见。

（5）所有发言写在活动挂图或活动卡片上。

（6）在此期间不评论其他人的意见，但可以简单澄清。

四、小组讨论

（1）对每一条意见进行讨论，可以澄清，可以同其他条目合并，也可以删除，如果有新的意见，也可以进行补充完善。

（2）在讨论每一条意见的过程中，询问是否有启发。如果突然出现了新的观点，可以随时加进来。

（3）所有意见梳理完后，可以进行观点的整合。

五、小组决策

（1）所有成员根据自己认为重要和准确的程度从全组列出的意见中选出若干条（例如五条），并排列打分（例如排列第一的给 5 分，排列第五的给 1 分）。

（2）全组把分数相加，得分最多的前五项即为集体的意见。

六、宣布结果

（1）回顾研讨过程。

（2）重申决策结果。

（3）明确下一步行动。

（4）感谢各位参与。

第四节　焦点汇谈方法

教学案例本身就有结构化的问题，如果是按照ORID的结构设计的，直接按照其结构组织研讨即可。如果不是按照其结构预设的，在研讨环节可以采用此方案，让学员按照结构化的问题聚焦案例中的场景。

焦点汇谈法（ORID）：是一种借由催化师催化来开展的结构化汇谈（会议、交谈）形式。这个方法被用作分析事实和感觉，由Cultural Affairs（美国教育暨文化局）开发并发展，通过理性、有暗示（心理学词汇）作用的提问而使决策更理性可行，它是脱离“漫无边际”交谈、汇谈、会议的方法。

目标：更好地决策、结构化分析。

技巧：强有力地发问、催化技巧。

（1）ORID结构

Objective-客观性问题：检测数据；识别信息事实性。

Reflective-反思性问题：鼓励成员建立与个人的关联；鼓励自由的思想和想象力。

Interpretive-解释性问题：识别模式并明确它们的含义和意义；

阐明潜在的见解。

Decisional- 决策性问题：制订一个行动计划；作出决定。

ORID 的通用范例见表 8-1。

表 8-1 ORID 的通用范例

提问	目的	提问范例
Objective（客观性问题）	1. 获取资料和数据 2. 识别事实基础	1. 在这个问题上，你了解到什么情况 2. 从事实和数据出发，能否概述你所了解的
Reflective（反思性问题）	1. 鼓励参与者交互 2. 鼓励参与者自由表达 3. 鼓励大家畅想	1. 在这件事上，什么使你觉得惊讶（喜） 2. 在这件事上，什么使你觉得气馁 3. 对这件事你有什么感觉
Interpretive（解释性问题）	1. 识别重要性和意义 2. 挖掘信息潜在含义	1. 这些信息、数据告诉我们什么 2. 这些信息、数据没有告诉我们什么 3. 有什么是我们还需要了解的 4. 从哪里可以获得这些信息 5. 我们如何理解这件事情
Decisional（决策性问题）	1. 下决定 2. 制定行动步骤	1. 我们下一步应该做什么 2. 我们可以做什么样的决定 3. 为了这个目标，我们的行动计划是什么

（2）焦点汇谈（示例）

作为企业大学的负责人，你发现许多人经常加班，但是工作进度和质量依然不理想，看上去大家非常敬业，似乎没有找到工作的正确方式，你希望与大家进行一次卓有成效的面谈，整体了解情况，并推动此问题的改善……

焦点汇谈（示例），如图 8-2 所示。

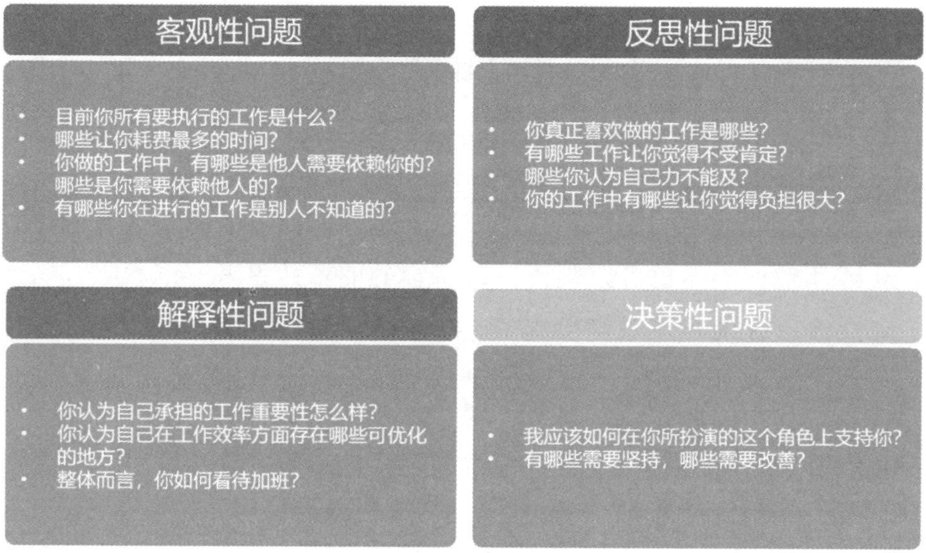

客观性问题

- 目前你所有要执行的工作是什么?
- 哪些让你耗费最多的时间?
- 你做的工作中，有哪些是他人需要依赖你的?哪些是你需要依赖他人的?
- 有哪些你在进行的工作是别人不知道的?

反思性问题

- 你真正喜欢做的工作是哪些?
- 有哪些工作让你觉得不受肯定?
- 哪些你认为自己力不能及?
- 你的工作中有哪些让你觉得负担很大?

解释性问题

- 你认为自己承担的工作重要性怎么样?
- 你认为自己在工作效率方面存在哪些可优化的地方?
- 整体而言，你如何看待加班?

决策性问题

- 我应该如何在你所扮演的这个角色上支持你?
- 有哪些需要坚持，哪些需要改善?

图 8-2　焦点汇谈（示例）

第五节　世界咖啡研讨方法

教学案例中均会预设问题，这些问题需要学员讨论，寻找自己的答案和团队的答案，通过共创答案及案例预设答案的融合，使得案例教学研讨更充分、更全面。当然，如何在有限的时间内更加广泛地参与讨论是一个难点，而世界咖啡讨论方法能够有效破解此问题。

世界咖啡研讨方法：不同专业背景、不同职务、不同部门的一群人，针对几个主题，发表各自的见解，互相意见碰撞，激发出意想不到的创新点子。

这种研讨方法实施的条件：团体人数超过 12 人为宜，至少有 90 分钟才可以进行世界咖啡。否则，无法达到预期的效果。

应用情景：针对一个特定的主题广泛汲取智慧。解决一个特定的问题或为某个特定主题寻找解决方案，或特定的解决方案部署、优化或落地，当然也可以验证一些特定的前置性思考。

价值：有助于成员学会站在他人的角度看问题；让首次碰面的人可以展开真正的对话；有助于激发创新思维、建立社群；有助于团体成员建立团队认同感。

世界咖啡研讨方法，如图 8-3 所示。

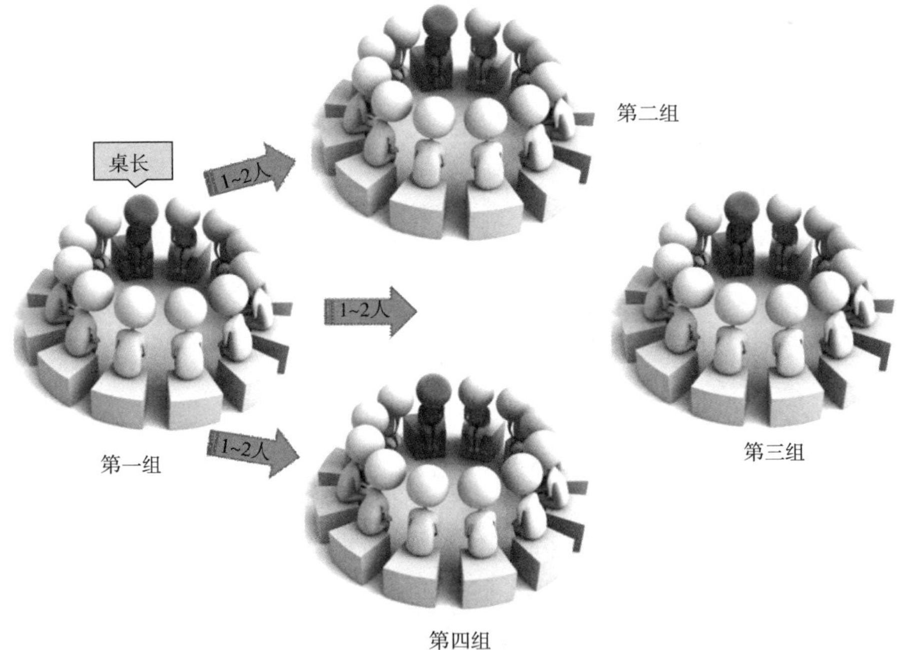

图 8-3　世界咖啡研讨方法

操作流程：

第一步，在会谈前，要确定关注的问题或主题。

第二步，让参会者自由组合或提前分组，4 人一桌或根据现场人数组成谈话小组，选出桌长，人数不宜多，并鼓励他们在桌布上或白板纸上记录，可以采用画图、关键词等方式记录观点。当主持人宣布开始后，便可以就话题展开讨论，每次 20~30 分钟。

第三步，讨论结束后，选一位为“桌长”留在原地，其他人成为“旅行者或采蜜者”自由离开原位，到其他小组重新组成讨论组。

第四步，在新的讨论组中，每个人都要自我介绍，桌长要简单介绍刚才讨论的问题及想法，并鼓励新来的成员与之前讨论的内容联系起来。

第五步，第三次讨论时，所有人可以回到原位整合信息，也可以去新的小组，根据整体的时间确定讨论的次数，最后一次最好回到最初小组进行初始意见的再优化，形成最终意见。

第六步，由桌长负责整合集体的观点，并总结陈述最终的观点和看法。

世界咖啡研讨方法的七大原则：

（1）明确会谈内容。

（2）创造热情友好的氛围。

（3）探索相关问题。

（4）鼓励每个人的投入 / 贡献。

（5）吸收多元文化，接受不同观点。

（6）共同审议不同的模式、观点和深层次的问题。

（7）收获、分享共同成果。

案例：世界咖啡研讨方法情景案例

情景一：某集团公司，组织层级多，职能部室多，由于组织机构越来越庞大，之前组织的一些有关创新的会议无法获得真正的创新思想和成果，与会者使用普通的头脑风暴也无法获得令人眼睛一亮的创意，这时候便可以应用此方法。

情景二：一个案例提出来后，由于职能分工的原因，视角各有不同，协同共识困难。为创造可以从不同视角看问题的场景，倾听不同声音的机会，减少行政指令带来的自我保护问题，世界咖啡可以减少各个部门的专家仅从各自的视角看待问题，避免对其他部门的解决方案也看不上眼的问题，以及不愿意提供自己的建议。平时召开跨部门的会议时，也充满了敷衍和敌视的态度。

情景三：为解决部门间协同问题，可以第一轮同一职能或专业研讨问题；第二轮及以后多轮到其他职能共同组成一个全新的小组研讨；最后回到本组。这样既可以解决本专业的问题，向内看自己，也可以解决其他专业的问题，向外看他人或全局。

第六节　开放空间方法

任何一次案例教学，能否取得好的效果，关键是参与者是否能够敞开心扉，而开放空间的研讨方法可以做到这一点。一种适用于参与者数量大的讨论方法，提供了一个安全、人人参与的氛围，可以在短时间内引发大家对不同主题的积极讨论，产生丰富的讨论成果。

20多年前，美国学者哈里森·欧文（Harrison Owen）想要创造一种可以保证咖啡休息时间能够有效开会的形式，于是就有了开放空间会议的诞生。

应用场景：当你想让一群人在短时间内讨论出丰富的主题，当人们对某些话题不愿意在全体人员面前公开讨论时，就可以用这种形式。

使用条件：

（1）会议室有多处空白墙面可以张贴白板纸。

（2）参加人数不少于 20 人。

方法价值：

（1）创造安全、灵活的对话方式。

（2）有助于创造团队合力。

（3）有助于激发和讨论各种不同的想法。

（4）在组织中激发高创新力，并能捕捉到“灵光乍现”的时刻，与一群有共同兴趣与专业能力的人将其变成创新的成果。

开放空间方法实施流程

第一步，在会议室里墙壁上分散张贴空白的白板纸。

第二步，与大家商量要讨论的主题或若干主题，如果有必要，将某些主题细分成若干小主题。

第三步，把每个（小）主题分别写在墙上白板纸的顶部，一张纸上只写一个主题。

第四步，让参会人员自由走动，相聚在他们有相关知识和经验的某个主题前讨论，同一主题前的人数不少于 3 人，不多于 5 人。讨论时把大家的意见记录在白板纸上，这个环节大约 5 分钟。

第五步，继续邀请大家在房间里走动，浏览其他主题白板纸上的内容，和其他走到这张白板纸前的人一起讨论，把想法和评语添加在白板纸上。这个过程可以一直重复下去，直到每张白板纸上都写上不少想法和评语，但没有必要让每个人都在每个主题上留言。

开放空间角色：

（1）主人。

（2）蜜蜂。

（3）蝴蝶。

（4）长颈鹿。

成功的关键：

（1）有一个对所有人都有意义且易于理解的主题。

（2）信任所有参与者的能力，参与者有与会的自由。

（3）为参与者营造可以发挥的空间。

（4）主持人帮助明确会议日程和时间任务。

（5）参与者有机会表述自己的建议并建立行动小组。

（6）参与者是自由的，可以像蜜蜂那样作出贡献，也可以像蝴蝶一样偶尔什么都不做，或像长颈鹿一样什么都不做。

注意事项：

（1）你的讨论不一定按照你事先想好的线索进展。

（2）往往计划外或意外发生的事情才是最需要有创造性的方案来应对的。

（3）不要在乎那些任何你希望他能参加，但没有来的人。

（4）不要在意别人说了多少。

（5）坚持参加的人是对你最合适的人。

（6）在场的人就是合适的人。

（7）凡是发生的都是有原因的。

第七节　案例教学迭代

在案例教学效果迭代上，我们可以采用的方式是自我评价、学员评价、专业专家评价和流程专家评价，共同帮助案例教学效果迭代。

当然，迭代要识别出差距。为此需要明确理想的案例教学是什么样，当前案例教学实际情况怎样，对比后即可发现差距。接下来介绍的是案例教学的标准，我们从六个维度介绍，包括教学理念、教学案例、教学设计、资源开发、教学引导、效果迭代。

一、教学理念

学员为中心：教学以学员的学以致用为导向，充分发挥学员的自主性，组织学员交流互动、应用练习。

目标导向：教学内容和教学活动能够完全支撑学习目标的实现。

大脑友好型：主动学习活动用时多于被动学习活动的用时。

二、教学案例

案例部分：符合情景、任务、行为和结果表述逻辑，包括土、副标题，案例背景信息，事情经过，案例问题，解决对策，案例结果。

问题部分：聚焦案例，应用 ORID 问题设计逻辑。

知识技能：

（1）所有知识和技能均来自案例中的经验和教训的萃取。

（2）萃取的知识技能符合金字塔呈现结构，并符合时间、空间或程度等表述逻辑。

（3）知识全面完整，满足真实工作场景的应用需要。

应用场景：知识技能有真实的应用场景。

三、教学设计

（1）目标部分

学习目标包括达到的知识目标和技能目标。

符合 ABCD 四个要素和描述标准，没有熟悉、了解、掌握和形容词。

（2）内容部分

开场，包括课程介绍、讲师介绍、建立联系、教学目标、课程框架等相关信息。

案例、问题及相应知识技能（原因、方法、结果）等要素齐全。

结束，包括学员总结、行动计划等整体回顾、学习应用内容。

（3）活动部分

学习活动支撑内容的传递。

活动过程描述支撑教学过程实施和教学资源开发。

教学活动资源和时间有明确说明。

（4）资源部分

教学内容和活动匹配了讲师手册、学员手册和演示文档的内容。

匹配资源的内容描述清楚，能够透过描述进行讲师手册、学员手册和演示文档的开发。

四、资源开发

讲师手册：与教学设计匹配，能够指导教学的全过程，教学内容描述全面、教学活动描述准确。

学员手册：与教学设计匹配，能够发挥引导学习过程、备忘和课堂互动价值。

演示文档：与教学设计匹配，呈现核心内容，引导教学过程。

教辅材料：与教学设计匹配，能够辅助教学过程。

五、教学引导

开场：与教学设计和教学资源匹配。

案例呈现：与教学设计和教学资源匹配。

分析研讨：与教学设计和教学资源匹配。

总结分享：与教学设计和教学资源匹配。

强化练习：与教学设计和教学资源匹配。

收场：与教学设计和教学资源匹配。

六、效果迭代

（1）学员收获

- 学员是否感知到以学员为中心。
- 是否体验友好。

· 是否实现了预期学习目标。

（2）讲师呈现

· 讲师是否创造了以学员为中心的场域。

· 是否实现了友好的学习体验。

· 是否实现了预期的教授目标。

（3）教学过程

教学过程是否有序、有效。

（4）教学材料

材料是否齐全、材料是否准确、材料是否有效。

以上便是案例教学的参考标准，可以自己使用，也可以请学员使用，更可以由专家及培训师使用。目的只有一个：树立标准，明确方向，识别差距，助力更好。表 8–2 是案例教学呈现的评价表，可以辅导案例教学效果的迭代。

表 8–2　案例教学呈现评价表

课程名称		
开发人		
模块	要素	要求
教学理念（20分）	目标导向	教学内容和教学活动完全支撑学员学习目标的实现
	以学员为中心	教学以实践为导向，注重发挥学员自主性，组织学员交流互动、应用练习
	大脑友好型	主动学习活动多于被动学习活动
教学案例（20分）	案例部分	符合情景、任务、行为和结果表述逻辑，包括主、副标题，案例背景信息，事情经过，案例问题，解决对策，案例结果
	问题部分	聚焦案例，应用 ORID 问题设计逻辑

续表

模块	要素	要求
教学案例（20分）	知识技能	1. 来自案例中的经验和教训的萃取 2. 萃取的知识技能符合金字塔结构，并符合时间、空间或程度等表述逻辑 3. 知识全面完整，满足真实工作场景的应用需要
	应用场景	知识技能有真实的应用场景
教学设计（15分）	目标部分	1. 学习目标包括达到的知识目标和技能目标 2. 符合 ABCD 四个要素和描述标准，没有熟悉、了解、掌握和形容词
	内容部分	1. 开场，包括课程介绍、讲师介绍、建立联系、教学目标、课程框架等相关信息 2. 案例、问题及相应知识技能（原因、方法、结果）等要素齐全 3. 结束，包括学员总结、行动计划等整体回顾、学习应用内容
	活动部分	1. 学习活动支撑内容的传递 2. 活动过程描述支撑教学过程实施和教学资源开发 3. 教学活动资源和时间有明确说明
	资源部分	1. 教学内容和活动匹配了讲师手册、学员手册和演示文档的内容 2. 匹配资源的内容描述清楚，能够透过描述进行讲师手册、学员手册和演示文档的开发
资源开发（15分）	讲师手册	与教学设计匹配，能够指导教学的全过程，教学内容描述全面、教学活动描述准确
	学员手册	与教学设计匹配，能够发挥引导学习过程、备忘和课堂互动价值
	演示文档	与教学设计匹配，呈现核心内容，引导教学过程
	教辅材料	与教学设计匹配，能够辅助教学过程
教学引导（15分）	开场	与教学设计和教学资源匹配
	案例呈现	与教学设计和教学资源匹配
	分析研讨	与教学设计和教学资源匹配
	总结分享	与教学设计和教学资源匹配
	强化练习	与教学设计和教学资源匹配
	收场	与教学设计和教学资源匹配

续表

模块	要素	要求
效果迭代（15分）	学员收获	学员是否感知到以学员为中心 是否体验友好 是否实现了预期学习目标
	讲师呈现	讲师是否创造了以学员为中心的场域 是否实现了友好的学习体验 是否实现了预期的教授目标
	教学过程	教学过程是否有序、有效
	教学材料	材料是否齐全 材料是否准确 材料是否有效

本章总结：案例教学实施与迭代内容

本章重点介绍了三个方面的内容：一是案例教学实施流程，即OPDMPC，即Open（开场）、Present（案例呈现）、Discuss（分析讨论）、Method（总结方法）、Practice（强化练习）、Close(收场)；二是分析讨论的五种方法，分别是问题风暴法、团队列名方法、焦点汇谈方法、世界咖啡研讨方法、开放空间方法；三是案例教学迭代的六个方面，分别是教学理念、教学案例、教学设计、资源开发、教学引导、效果迭代。

后　记

本书围绕培训师赋能予人展开讨论，其使命是让培训师的课程设计开发更简单，使得教与学的过程更加愉悦。期待每位培训师都能够基于“以学员为中心，以结果为导向，以友好为宗旨”的理念重塑教学体验，应用五四课程设计开发模型和案例式课程设计开发模型快速开发一门或多门属于自己的精品课程。

让培训师喜欢“教”，让学员喜欢“学”，真正实现教学相长。期待本书中的课程设计开发工具、方法，不但能够帮助培训师降低课程设计开发门槛，而且可以提高培训师的课程设计开发效率和质量，自然而然地重塑教学体验。

让学习自然而然地发生是课程设计开发的终极目标，课程设计开发关注学习目标是否精准、内容是否精确、活动是否有效、载体是否适用和效果是否迭代。课程设计开发的理念和方法毕竟是实践的产物，一定会随着应用场景、技术的不断发展而迭代更新。

课程设计与开发过程是经验萃取和智慧精加工的过程，期待越来越多的培训师加入知识沉淀。相信随着课程设计开发模型的不断完善，总有一天课程设计会插上互联网和人工智能的翅膀惠及更多的培训师，真正让每一位培训师在云端便可设计开发属于自己的好课。

参考文献

[1]（美）鲍勃·派克. 重构学习体检：以学员为中心的创新性培训技术 [M]. 孙波，庞涛，胡智丰译. 南京：江苏人民出版社，2015.

[2]（美）莎朗·L. 波曼 (Bowman,S.L.).4C 法颠覆培训课堂：65 种反转培训策略 [M]. 杨帝译. 北京：电子出版社，2015.

[3]（美）伯尼斯·麦卡锡，丹尼斯·麦卡锡. 自然学习设计：面向不同学习风格者差异施教 [M]. 陈彩红，庄承婷译. 盛群力校. 福州：福建教育出版社，2012.

[4] 盛群力. 教学设计 [M]. 北京：高等教育出版社，2009.

[5]（美）奥利弗·拉茨伯格，莫汉伯·索尼. 感知型企业：数据驱动的商业决策演进 [M]. 蔡强，余勇译. 北京：人民邮电出版社 ,2018.

[6] 丁磊 .AI 思维：从数据中创造价值的炼金术 [M]. 北京：中信出版集团股份有限公司. 2020.

[7] 在线学习资源：https://www.zhihu.com/people/stuart-54-14.

老板·创业			
一、经理人			
书名	内容	书名	内容
老总有想法，高层有干法 王清华 著	企业将、帅之间的定位问题、角色问题、方法问题、思维问题、管理问题等	历史深处的管理智慧1：组织建设与用人之道 刘文瑞 著	通过历史鉴照当今企业选人用人、二代接班人、创业团队管理等问题
历史深处的管理智慧2：战略决策与经营运作 刘文瑞 著	通过历史鉴照当今企业决策、战略规划、战略冒进、决策监督等问题	历史深处的管理智慧3：领导修炼与文化素养 刘文瑞 著	通过历史鉴照当今企业的领导修养、用权、管理风格等问题
老板经理人双赢之道 陈明 著	经理人怎么选平台、怎么开局，老板怎样选/育/用/留		
二、用人			
用好骨干员工 王敏 著	系统化分享关键人才打造与激励方法	领导这样点燃你的下属 孟广桥 著	领导者如何才能让员工积极主动地工作
让用人回归简单 宋新宇 著	帮助管理者抓住用人的要害，让用人变得简单	激活新生代员工 史量 孙斌 著	走进新生代的世界，一套行之有效的管理、激活90后、95后、00后的方法
三、转型·创业			
创业要过哪些坎 董坤 著	15年创业咨询经验总结的创业遇到的问题及办法	高潜牛人 董坤 著	创业和事业发展中如何找到牛人
成为下一个SaaS独角兽 崔牛会 主编	19位SaaS领专家，7个不同的视角总结SaaS行业实践	创模式：23个行业创新案例 段传敏 著	CEO社群23位企业家的思考与实践分享
重生——中国企业的战略转型 施炜 著	本书对中国企业战略转型的方向、路径及策略性举措提出了建议和意见	7个转变，让公司3年胜出 李蓓 著	企业估值、业务模式、营销、生产制造、客户服务、用户黏性、组织管理7个转变
企业二次创业成功路线图 夏惊鸣 著	五步骤给出了一幅企业二次创业经营突破、管理提升的成功路线图	跟老板“偷师”学创业 吴江萍 余晓雷 著	如何通过“偷师”学习与积累当老板的阅历
公司由小到大要过哪些坎 卢强 著	企业成长路线图，现在我在哪儿、未来还要走哪些路都清楚了	跳出同质思维，从跟随到领先 郭剑 著	66个精彩案例剖析，帮助老板突破行业长期思维惯性
极速增长：企业扩张策略 董坤 著	以“8shoes扩张法则”为思考框架，帮助处于这个阶段的创业公司及以创业公司形式孵化的变革型项目做出清晰的战略选择		
企业经营			
经营打造你的盈利系统 高可为 著	选择最有效的经营策略，打造属于自己的商业模式	中国企业的觉醒 王涛 著	企业告别自私、野蛮，转向善良、爱，才会赢得消费者
成为敏感而体贴的公司 王涛 著	未来有竞争力的企业，一定是那些敏感而体贴的公司	有意识的思考 王涛 著	对头脑中固有观念保持觉察，从而超越它们的局限
简单思考 孔祥云 著	著名咨询公司（AMT）CEO创业历程中的经验与思考	写给企业家的公司与家庭财务规划 周荣辉 著	以企业的发展周期为主线，介绍各阶段企业与企业主家庭的财务规划

续表

书名	内容	书名	内容
从10亿到100亿的企业顶层设计 刘建兆　著	重新定义企业成长方式，有效益、有效率、有效能、有效果、有品质的良性成长	**企业融资：投资人没告诉你的那些事** 杨军　著	资深投资人揭示融资“潜规则”，让企业有的放矢
宗：一位制造业企业家的思考 杨涛　著	发展20年营业额近亿元制造业企业家的思考与心得	**使命：驱动企业成长** 高可为　著	用大企业发展轨迹及企业家的心路历程，揭示企业成长的基因、做事的逻辑
让经营回归简单 宋新宇　著	战略、客户、产品、员工、成长、经营者的经营法则	**边干边学做老板** 黄中强　著	86个案例讲述中小公司成长过程中遇到的问题和方法
盈利原本就这么简单 高可为　著	跨越业务与财务边界，为企业提高盈利水平提供方法	**战略参谋：写出管用的战略报告** 蔡春华　著	企业对自己、市场、行业其实了解更深，助你高质量完成战略规划
不战全胜：给企业家读的孙子兵法 王吉坤　杨伟霞　著	从《孙子兵法》提炼和总结了帮助企业打造行业龙头品牌的体系	**公司离不开的全栈运营高手：产品运营与推广获客** 王虎　著	涉及运营案例、思维理论、实操复盘、管理方式、推广策略等，是作者八年运营推广经验的浓缩
公域引流　私域经营：这样经营用户关系 王庆云　汪洋　著	为大中型企业提供私域建设的顶层和全景式框架，探索不同业务特性可能适配的不同私域模式	**平台生态：价值创造与价值获取** 彭毫　罗珉　著	厂商之间的竞争已经从产品转到平台，如何创造新的价值创造和获取模式，是企业最想得到的答案
合伙制经营：有效激励，而不丧失控制权 胡八一　著	重点阐述实施合伙制的流程，通过四步为企业家提供一种有效激励而不丧失控制权的工具和方法	**机制创造人才** 彭剑锋　尚艳玲　著	华夏基石专家团著作，为个体赋能，经营人成就人，进行机制创新和价值管理
企业高管经营课：觉察认知盲点，突破增长瓶颈 范桃根　著	65个问与答，全面认知企业问题在哪里，避免盲人摸象；打破认知障碍，拥有解决问题的能力。附赠一套方法工具	**左手企业经营　右手资本运作** 周永信　著	“产业+资本”两手抓，融资、股权、公司控制……共同驱动企业利润、资产、市值、估值的成长
管理·管理学			
一、企业管理			
让管理回归简单 宋新宇　著	从目标、组织、决策、授权、人才、老板自己等提供方案	**管理的尺度** 刘文瑞　著	西医式的体检化验，又要施加中医式的望闻问切
管理：以规则驾驭人性 王春强　著	人性驾驭角度权度运筹安排的可兑现性，管理有效性	**看电影，学管理** 刘文瑞　著	十六部电影的解读，揭示电影内含的管理之道
好管理　靠修行 曾伟　著	从佛法、道法思想中寻找管理智慧	**公司大了，怎么管** 金国华　著	成长型企业发展中的共性问题，通过案例实录解开
低效会议怎么改 王玉荣　葛新红　著	从梳理公司会议体系的层面改变低效会议的现状	**年初订计划年尾有结果** 郭晓　著	总结七步落地方案让战略计划切实落地实现
分股合心 段磊　周剑　著	围绕股权激励，详细介绍相关知识和实行方法	**员工心理学超级漫画版** 邢雷　著	以漫画形式对组织中个体心理的全面介绍和深入探讨
让投诉客户满意离开 孟广桥　著	投诉法律法规，应对各种投诉技巧等提升客诉能力	**管理就是定计划，抓落实** 张国祥　著	员工“看了就会、拿来就用”的计划制订操作指南
不读韩非子，怎么当老板 王春强　著	通过集中分析有关人性的内容，引导现代管理者更深理解人性是如何影响企业运行，以及管理者应如何因人性而实施管理	**重新想象组织** 彭剑锋　尚艳玲　著	华夏基石专家团著作，通过组织变革逐步进化，找到成长之道，让企业可持续发展

续表

书名	内容	书名	内容
战略管理有方法 和恒咨询　著	结合中国企业实践总结的一套独创性、实操性的战略方法，100+工具轻松做战略	**高管如何为公司创造高增长** 彭剑锋　尚艳玲　主编	战略驱动着企业成长，企业又该如何突破增长的瓶颈
供应链管理改善咨询：案例·方法·工具 于晓光　许忠宁　赵玭　著	掌握供应链改善结构化方法，实现准时交付和低运营成本	**重塑竞争的市场边界战略** 张戟　著	选择与竞争对手不同的消费需求集合，通过独特的价值链活动，创造一个最有利的市场地位，让企业获得领先的核心竞争优势
二、管理思想			
管理学的奠基者 刘文瑞　著	近代以来的管理思想发展揭示管理思想的演化奥秘	**巴纳德组织理论研读** 郭威　著	深度研读巴纳德《经理人员的职能》，帮你理解和看懂
管理学在中国 刘文瑞　著	科学看待管理学流入中国，对继承发展进行深入的阐述	**德鲁克管理学** 张远凤　著	以德鲁克管理思想发展为线展示20世纪管理学的发展
德鲁克与他的论敌们 罗珉　著	德鲁克与马斯洛、戴明等诸多管理大师论战的故事	**德鲁克管理思想解读** 罗珉　著	全面解构德鲁克思想的精髓与实践价值
治论：中国古代管理思想 张再林　著	深入分析中国古代哲学基本精神的基础上，梳理分析了儒法墨三家的管理思想	**流程经理10年案例笔记** 王焕东　著	用自身工作和生活中的鲜活案例及思考后的心得呈现不一样的流程管理思想
透过决策看组织 李慧才　著	对西蒙管理行为进行贴近企业的通俗化解析和阐释	**为什么高管爱读德鲁克** 王鹏　著	辅助深读德鲁克、提升管理认知
	营销·销售		
一、企业销售			
大客户销售这样说这样做 陆和平　著	大客户销售活动的十大模块，68个典型销售场景	**向高层销售** 贺兵一　著	销售人员与客户高层打交道需要重点掌握的知识、技巧
资深大客户经理 叶敦明　著	将大客户经理必须具备的规划、策略、执行三种能力运用自如	**成为资深的销售经理** 陆和平　著	让销售经理成功把握销售管理的6个关键点，并提供工具
销售是个专业活 陆和平　著	据客户采购流程拆分销售过程十阶段，讲解方法技巧	**学话术　卖产品** 张小虎　著	手机、电动车、家电、食品等消费品的一线销售话术
工程项目大客户销售攻略 陆和平　著	三十八讲循序渐进，全方位透视工程大项目拿单的奥秘，通俗易懂，看了就能用	**大客户销售谈判：获得利润的最快途径** 陆和平　著	从不会谈判到成为谈判专家，帮助你在与大客户的谈判中轻松说服对方，实现从一次成交、成本价成交到高价成交、持续成交的转变
二、企业营销			
新营销组织力 迪智成　著	适应最新数字化外部环境，系统化协同组织能力建设	**营销按钮** 老苗　著	讲述存在于人性及各个营销环节中的“按钮”
精品营销战略 杜建君　著	“精品营销战略”核心逻辑与营销组合策略	**360°谈营销** 王清华　古怀亮　著	营销是立体的，从不同角度观察不同企业的营销精髓
互联网精准营销 蒋军　著	互联网时代整体策划、包装品牌和产品	**招招见销量的营销常识** 刘文新　著	做好基本的营销动作都可以提高销量、降低成本

续表

书名	内容	书名	内容
用数字解放营销人 黄润霖　著	用数字说话覆盖营销工作的方方面面	**用营销计划锁定胜局** 黄润霖　著	让营销计划落地，营销人员只需解决两个问题：基数与概率
新营销 2.0：从深度分销到立体连接 刘春雄　公方刚 牛恩坤　等著	立体连接打通三度空间，在互联网时代诞生快消品领域的超级巨头	**中国营销战实录** 联纵智达研究院　著	51 个案例，46 家企业，46 万字，18 年积淀
弱势品牌如何做营销 李政权　著	产品与物流通道、服务通道、促销互动通路，提供方法	**解决方案营销实战案例** 刘祖轲　著	十大工业品作者实操案例解码解决方案营销
升级你的营销组织 程绍珊　吴越舟　著	根据企业的实际情况建立有机性营销组织	**孙子兵法营销战** 刘文新　著	理解《孙子兵法》原意的同时，还可体悟到营销之用
老板如何管营销 史贤龙　著	十六个招式，理论与案例相结合，高段位营销方法	**渠道管理就这样做** 陆和平　著	渠道规划和设计、渠道成员选择和寻找、渠道谈判和签约、管理渠道日常活动、设计渠道激励政策、解决渠道冲突、渠道的评估和调整
三、品牌			
中国品牌营销十三战法 朱玉童　著	深度演绎最符合企业品牌营销策划的十三套实战战法	**中小企业如何打造区域强势品牌** 吴之　著	从如何建立强势品牌的角度解析扩张难题
小众战略：小资源打造强势品牌 吴修利　著	从品牌观念、市场调研、竞争机会、内部调整等角度，对产品、渠道、传播等核心原则进行了系统梳理	**把品牌建在顾客心里：4 步实现品牌 IP 化** 张学军　著	让品牌自带话题，自主传播
四、营销策划			
这样写文案，就没有卖不动的产品 秦剑　刘安丽　著	术、法、道三个层面由浅至深培养商业文案创作能力	**洞察人性的营销战术** 沈坤　著	介绍了 28 个匪夷所思的营销怪招，大部分可以直接运用
双剑破局：沈坤营销策划案例集 沈坤　著	双剑公司 8 年来的实操案例，每个项目诞生过程、策划角度和方法	**社区团购就这么干：供应商 • 平台 • 团长 • 用户** 陈海超　杨项刚　著	分享最新实践经验，一看就懂，照着就能做
企业案例			
鲁花：一粒花生撬动的粮油帝国 余盛　著	鲁花如何成长为优秀的带动农业产业发展的品牌，鲁花你一定学得会	**金龙鱼背后的粮油帝国** 余盛　著	以金龙鱼为脉的一部中国粮油行业的史诗
你不知道的加多宝 曲宗恺　牛玮娜　著	以时间为轴线，详细叙述了加多宝品牌的发展历程	**静水流深** 黄治国　著	作者在美的十五年对何享健内部讲话资料的整理
娃哈哈区域标杆 罗宏文　快车君 赵晓萌　寇尚伟　著	讲娃哈哈豫北市场如何成为娃哈哈全国第一大市场、全国增量第一的市场	**借力咨询：德邦成长背后的秘密** 官同良　王祥伍　著	德邦将自己积累的与咨询公司发展共赢的合作逻辑和盘托出
六个核桃凭什么从 0 过 100 亿 张学军　著	全视角深度解读养元企业的裂变成长，复盘十年蜕变轨迹	**像六个核桃一样** 王超　著	六个核桃为什么卖得这么好，产品畅销的 6 大要义 36 条简明法则

续表

书名	内容	书名	内容
中国首家未来超市 IBMG 集团　**著**	对乐城超市的掌门人及内部员工的采访详细阐释了乐城的经验	**三四线城市超市如何快速成长：解密甘雨亭** IBMG 集团　**著**	甘雨亭的许多关键经营指标均高于行业标准，学习其成功的方法
集团化企业阿米巴实战案例 初勇钢　**著**	作者在某酒厂推行阿米巴经营模式的心得		
经销商			
新经销：新零售时代教你做大商 黄润霖　**著**	探访近 100 位经销商在传统营销手法上的创新，传统营销微创新和新营销本地化	**商用车经销商运营实战** 杜建君　王朝阳 章晓青　**著**	对商用车经销商的经营与管理、4S 店运营做了全方面的总结
跟行业老手学经销商开发与管理 黄润霖　**著**	从管理耐用消费品经销商角度提炼了 48 个代表性问题并给出解决办法	**快消品经销商如何快速做大** 黄润霖　**著**	经销商如何通过经营实现规模，通过管理实现规模效益
建材家居经销商实战 42 章经 王庆云　**著**	经营管理的心法和战法，帮助经销商成为“业务妙手”和“管理能手”	**成为最赚钱的家具建材经销商** 李治江　**著**	针对建材家居行业的经销商，从销售模式、产品、门店、市场等方面给出方法
白酒经销商的第一本书 唐江华　**著**	对经销商如何选择厂家、合作、运营品牌等问题给出建议	**快消品招商的第一本书** 刘雷　**著**	从招商理论到招商动作进行系列化分解，化繁为简
大商方法：榜样经销商与厂家的合作之道 唐道明　**著**	洞察厂商合作的核心，为经销商提供可行的方法，手把手教你做大商	**快消品经销商成功密码** 舟谱商学院　**著**	通过 8 个真实经销商案例，分享快消品经销商成功经验与方法
中小企业			
中小企业如何打造区域强势品牌 吴之　**著**	从如何建立强势品牌的角度解析扩张难题	**用流程解放管理者** 张国祥　**著**	8 个板块构成，共 66 篇文章，14 幅流程管理图
用流程解放管理者 2 张国祥　**著**	对中小企业规范化流程管理进行系统的阐述	**弱势品牌如何做营销** 李政权　**著**	产品与物流通道、服务通道、促销互动通路提供方法
本土化人力资源管理 8 大思维 周剑　**著**	用最贴近中国中小企业现实管理情境的案例讲述周围人的“家事”	**中小农业企业品牌战法** 韩旭　**著**	农业企业需要全产业链视野，更需要品牌实战方法
门店管理			
门店销售冠军复制系统 王吉坤　**著**	门店型企业如何打造可复制的销售冠军系统	**新零售动作分解与实操：建材·家居·家具** 盛斌子　**著**	对泛家居行业趋势、店面管理、团队管理、促销推广、五感营销等提供策略
家具建材促销与引流 薛亮　李永锋　**著**	对泛家居营销执行模式和工具、关键环节等进行汇总	**建材家居门店 6 力爆破** 贾同领　**著**	产品力、导购力、形象力、推广力、服务力、组织力
家具行业操盘手 王献永　**著**	总结家具终端门店发展的现状及问题并给出策略	**手把手教你做专业督导** 熊亚柱　**著**	系统梳理督导的核心技能，岗位职责、工作流程及技能

续表

书名	内容	书名	内容
手把手帮建材家居导购业绩倍增 熊亚柱　著	针对建材家居门店的业务人员，用案例故事还原场景教你成为好导购	**10 步成为最棒的建材家居门店店长** 徐伟泽　著	梳理店长管理的核心工作职责、店面管理规范，帮助销售人员成长
建材家居门店销量提升 贾同领　著	9 个板块讲述建材门店一个单店如何做到经营的良性循环	**总部有多强大，门店就能走多远** IBMG 集团　著	五大方向综合阐述连锁零售企业总部如何提升管理能力
赚不赚钱靠店长，从懂管理到会经营 孙彩军　著	注重专卖店的经营思路拓展、门店管理细节方面能力的提升	**新医改了，药店就要这样开** 尚锋　著	从药店定位的思考，内部和会员管理等方面探讨中小型药店发展方向
电商来了，实体药店如何突围 尚锋　著	新时代药店经营的三驾马车：药学专业服务、会员贴心服务和精准定向促销	**引爆药店成交率 1：店员导购实战** 范月明　著	药店人的零售工作，怎样接待顾客，完善销售技巧
引爆药店成交率 2：药店经营实战 范月明　著	从药店经营角度建立改善门店现状的实用标准	**引爆药店成交率：专业化销售解决方案** 范月明　著	从简单的拿药服务到提供多角度的专业解决方案
口腔门诊盈利倍增：精益口腔 杨伟霞　王吉坤　著	为口腔门诊定制业绩提升管理系统并落地实施	**门店店长业绩增长 100%** 熊亚柱　著	将店长遇到的障碍一扫而空，通过一个个生动的案例故事解析，帮你成为管理型店长，不再东奔西跑地瞎忙，让业绩成倍增长
互联网			
一、互联网转型			
画出公司的互联网进化路线图 李蓓　著	18 个“可以……吗”的问题作为产品、客户和价值方面的指引牌	**7 个转变，让公司 3 年胜出** 李蓓　著	企业估值、业务模式、营销、生产制造、客户服务、用户黏性、组织管理 7 个转变
重生战略移动互联网和大数据时代的转型法则 沈拓　著	四个重生战略对应四个法则，告知传统企业的转型重生之路	**创造增量市场：传统企业互联网转型之道** 刘红明　著	为读者提供了寻找这些互联网的切入点和接触点的具体方法，带来增量市场
互联网 + 变与不变 本土管理实践与创新论坛　著	61 篇精华文章，聚焦传统行业如何互联网 + 时代转型	**今后这样做品牌** 蒋军　著	顶层设计、营销创新、产品战略、渠道变革、品牌策略
移动互联新玩法 史贤龙　著	立足现实，剖析新时代背景下的移动互联趋势与热点	**互联网时代的成本观** 程翔　著	多维组合成本的互联网精神和大数据特征及应用
正在发生的转型升级实践 本土管理实践与创新论坛　著	100 多位本土管理专家当年对最新一年的思考和实践	**1000 铁杆女粉丝** 张兵武　著	如何让普通女性成为忠实追随的铁杆粉丝，磁力点、情感结、甜蜜区、信任圈
混沌与秩序 Ⅰ：变革时代企业领先之道 彭剑锋　施炜　苗兆光 王祥伍　孙波　夏惊鸣	新环境下企业面临变革应如何应对，企业家如何坚守并与企业共同成长	**混沌与秩序 Ⅱ：变革时代管理新思维** 彭剑锋　施炜　苗兆光 王祥伍　孙波　夏惊鸣	对处于时代变革下的企业管理新机制、人力资源管理新思维，组织与人的新型关系，结合案例提出优化建议
消费升级：实践·研究 本土管理实践与创新论坛　著	从经营、管理、行业三个方面记录消费升级下的实践	**互联网精准营销** 蒋军　著	互联网时代整体策划、包装品牌和产品
智能推荐：让你的业务千人千面 刘国昊　周波　著	从资讯、电商、文娱行业来详细讲解智能推荐的应用，用户时间的争夺战	**制造业外贸营销网站建设** 宋金亮　著	介绍整个网站从无到有的实现过程，从分析思路、撰写内容到规划页面，列举了大量正反面实例，帮助读者理解和投入实践

续表

书名	内容	书名	内容
零售巨头数字化转型操盘笔记 江楠 著	一线操盘运营经理分享传统零售巨头的新零售到家业务全盘操作细节		
二、抖音、微信微商、电商			
抖音营销系统 刘大贺 著	抖音系统的实战营销知识，上百个从0做大的案例	金牌微商团队长 罗晓慧 著	微商团队长创业实操的指导工具书
微商生意经：真实再现33个成功案例操作全程 伏泓霖 罗晓慧 著	精心挑选的33个微商成功案例，阐述具体操作过程	快速见效的企业微信营销方法 孙巍 著	站在微信生态的立体高度系统讲述企业微信快营销方法论
阿里巴巴实战运营：14招玩转诚信通 聂志新 著	产品定位、阿里巴巴排名因素、数据分析、标题优化等	阿里巴巴实战运营2：诚信通热卖技巧 聂志新 著	打开诚信通运营的金钥匙，十大具体运营技巧
电商高管私房课 子道 著	深刻剖析“结硬寨，打呆仗”的经营理念和操作方法，是电商零售管理者和执行团队的好参谋		
三、行业新营销			
餐饮新营销 杨勇 程绍珊 著	聚焦餐饮企业转型，系统的餐饮企业营销管理体系	新零售进化路径 李政权 著	预先复盘新零售及商业的未来，找到方向
珠宝黄金新营销 崔德乾 著	珠宝业新营销/新品牌/新产品/新零售/新连接/新场景/新服务/新传播/新管理	黄金珠宝就这样卖：导购员月销百万的秘籍 崔德乾 著	让顾客留下试戴、买单的80个技巧，让高级客户感动、一般客户依赖的6大行动秘籍。上午学下午用，让你成为月销百万的销售明星
新零售动作分解与实操：建材·家居·家具 盛斌子 著	对泛家居行业趋势、店面管理、团队管理、促销推广、五感营销等提供策略	新营销 刘春雄 著	让品牌商和渠道商掌握获得独立流量的能力，能够与平台商博弈
快速见效的企业网络营销方法 B2B 大宗 B2C 张进 著	数据和案例90%来自作者服务的中小企业，快速全面地学习企业网络营销方法	移动互联下的超市升级 联商网专栏 著	超市未来的发展趋势，对社区超市、生鲜、全渠道建设、O2O等提出观点
百货零售全渠道营销策略 陈继展 著	零售行业的竞争重点、行业本质、战略转型、未来趋势、经验和案例	互联网时代的银行转型 韩友诚 著	银行业在互联网金融变革浪潮中所做的积极应对和转型布局
触发需求：互联网新营销样本·水产 何足奇 著	通过鲜誉案例解读阐述水产行业如何进行互联网转型	新农资如何弯道超车 刘祖轲 著	从农业产业化、互联网转型、行业营销与经营突破四个方面阐述农资企业转型
新零售 新终端 迪智成 著	将新零售系统打法做梳理并落地在新终端建设上	新经销：新零售时代教你做大商 黄润霖 著	探访近100位经销商在传统营销手法上的创新，传统营销微创新和新营销本地化
医药医疗			
一、药店			
新医改了，药店就要这样开 尚锋 著	从药店定位的思考、内部和会员管理等方面探讨中小型药店发展方向	电商来了，实体药店如何突围 尚锋 著	新时代药店经营的三驾马车：药学专业服务、会员贴心服务和精准定向促销
引爆药店成交率1：店员导购实战 范月明 著	药店人的零售工作，怎样接待顾客，完善销售技巧	引爆药店成交率2：药店经营实战 范月明 著	从药店经营角度建立改善门店现状的实用标准
引爆药店成交率：专业化销售解决方案 范月明 著	从简单的拿药服务到提供多角度的专业解决方案	连锁药店新风口：资本 智能 大数据 动脉网 著	对我国连锁药店的市场环境、行业现状等进行分析，给出对连锁药店未来发展趋势的预判

续表

书名	内容	书名	内容
药店导购关联销售技巧与成交话术 范月明 著	以药店情景案例导入，介绍常见疾病的导购销售话术与顾客心理分析，进而提供关联销售解决方案		
二、药品销售			
医药第三终端：从控销到动销 诊所 基层医疗 王祥君 张芳文 著	用大量案例来梳理药企落地动销的策略、方法和技战术	**医药营销：诊所开发维护与动销** 张江民 著	从六个方面系统阐述基层诊所市场营销攻略
处方药合规推广实战宝典 赵佳震 著	对处方药推广体系搭建、推广人员岗位内容等六个方面进行阐述	**医药代理商经营全指导** 戴文杰 著	从产品选择、价格体系设计、路径管理等维度描述代理商产品操作的基本策略
处方药零售这样做 田军 著	处方药零售的重要性及做市场的具体措施和方法	**OTC医药代表药店开发与维护** 鄢圣安 著	一位从初级OTC医药销售代表成长起来的销售经理的经验分享
OTC医药代表药店销售36计 鄢圣安 著	以《三十六计》为线，阐述OTC医药代表向药店销售的技巧与策略	**做医生信赖的医药代表** 邹晓徽 宁剑锋 朱文虎 著	医药代表如何在合规要求下做好药品推广工作的操作工具书
三、药企转型			
药企战略·运营与医药产业重构 杜臣 著	医药产业的深度认知与发展趋势结合，战略思考与经营操作相统一	**医药行业大洗牌与药企创新** 林延君 沈斌 著	围绕创新介绍医药行业，介绍近百家医药企业创新实践案例
医药新营销 史立臣 著	从药企最关心的八个方面阐述制药企业、医药商业企业营销模式转型	**医药企业转型升级战略** 史立臣 著	从商业模式转型、管理转型、定位转型、运营模式转型和跨界转型五方面阐述转型
新医改下的医药营销与团队管理 史立臣 著	立足新医改相关政策的解读，为中小医药企业出谋划策	**在中国，医药营销这样做** 段继东 著	时代方略在医药营销领域思想、方法文章的精选合集
四、新医疗			
成为医疗器械领军者 王强 著	中小医疗器械生产企业和代理商怎样转型	**新型诊所经营与创新** 动脉网 著	对新型诊所从标准化管理、经营方式、团队建设、连锁模式四个方面进行解读
医美新风口：颜值经济下的亿万市场 动脉网 著	详细介绍中国医疗美容行业的发展趋势、现状及医美产业链等	**互联网医院：正在发生的医疗新变革** 动脉网 著	介绍互联网医院的建设与运营、管理，发展模式和市场布局，以及发展规律
		快消品	
一、快消案例			
中国快消品营销这些年 史贤龙 著	一本书浓缩快消品营销15年的实战历程与前沿思考	**这样打造大单品** 迪智成 著	通过13个大案例帮助企业梳理打造大单品的路径
你不知道的加多宝 曲宗恺 牛玮娜 著	以时间为轴线，详细叙述了加多宝品牌的发展历程	**娃哈哈区域标杆** 罗宏文 快车君 赵晓萌 寇尚伟 著	娃哈哈豫北市场如何成为娃哈哈全国第一大市场、全国增量第一的市场
六个核桃凭什么从0过100亿 张学军 著	全视角深度解读养元企业的裂变成长，复盘十年蜕变轨迹	**像六个核桃一样** 王超 著	六个核桃为什么卖得这么好，产品畅销的6大要义36条简明法则

续表

书名	内容	书名	内容
5小时读懂快消品营销 陈海超　著	20年快消品市场风云洞察解码，丰富的案例解析		
二、快消品区域经理			
快消品营销团队管理 刘雷　伯建新　著	快消品团队管理相关的20余个工具+20余个案例	**这样打造快消品区域标杆** 罗宏文　牛玉龙　著	分两篇解决如何成功打造标杆市场和进行持续增量管理两大问题
成为优秀的快消品区域经理（升级版） 伯建新　著	作为区域经理的“速成催化器”，升级版增加11篇内容	**快消老手都在这样做：区域经理操盘锦囊** 方刚　著	一线成长起来的资深快消品营销人“压箱底”绝活
快消品营销人的第一本书 刘雷　伯建新　著	针对一线厂家业务员工作中常遇到的问题给予建议	**销售轨迹：一位快消品营销总监的拼搏之路** 秦国伟　著	一个普通营销人的故事，16年背井离乡的职场拼搏之路
快消品营销：一位销售经理的工作心得2 蒋军　著	从市场操作、团队管理、传播推广、营销的具体策略和战略等方面提供方法	**快消品区域/城市经理全渠道管理** 许翔　著	一位在日化巨头一线打拼多年的城市经理操作经验分享
三、快消品动销			
动销：产品是如何畅销起来的 余晓雷　著	从怎么被消费者买走和竞争对手是谁这两个原点解决动销问题	**动销操盘：节奏掌控与社群时代新战法** 朱志明　著	用七个章节阐述关于动销操盘的要诀，节点、节奏、主次、条件匹配性等问题
动销四维：全程辅导与新品上市 高继中　著	从产品、渠道、促销和新品上市四个方面详细讲解提高动销的具体方法	**快消品经销商这样做才赚钱** 张宇　著	从全新的角度，解读经销商的经营困境，并提供可实操的解决方法
快消新产品成功上市 伯建新　著	新产品是什么？新产品该如何去做？新产品要如何销起来，长销而不是昙花一现？本书给你答案		
四、快消品渠道			
深度分销 施炜　著	渠道价值链、模式选择、渠道策略与管理、零售经销商管理、最佳实践、团队建设	**通路精耕操作全解** 周俊　陈小龙　著	对康师傅的制胜法宝通路精耕进行系统的介绍与说明，图表和完善入微的操作方法
酒水饮料快消品餐饮渠道营销手册 朱伟杰　著	对餐饮渠道深入挖掘，建立适合餐饮渠道发展的服务模式和组织保障措施	**快消品经销商如何快速做大** 杨永华　著	经销商如何通过经营实现规模，通过管理实现规模效益
快消品营销与渠道管理 谭长春　著	解决日常涉及的渠道管理、市场、产品等营销事务	**快消品招商的第一本书** 刘雷　著	从招商理论到招商动作进行系列化分解，化繁为简
采纳方法：化解渠道冲突 朱玉童　著	21个最新的渠道冲突案例立体地介绍渠道冲突的现象和方法	**快消品促销管理与方案：规划 技能 工具** 张荣举　著	涵盖促销规划、打法、具体落地执行的细节和终端人员技能及训练，结合线上线下运作，提供全套方法
五、快消品企业战略			
重构：升级你的竞争优势 杨永华　著	用7大思维，帮你的企业提升档位	**变局下的快消品实战策略** 杨永华　著	从5个角度针对快消品企业如何应对行业变局给出答案
新营销 刘春雄　著	让品牌商和渠道商掌握获得独立流量的能力，能够与平台商博弈	**采纳方法：破解本土营销8大难题** 朱玉童　著	破解困扰营销人的八大难题，给出解决方法
白酒			
白酒营销培训宝典：复制高业绩 刘孝鞅　著	总结白酒营销人员系统运作市场的要点，转化为易学可复制的动作和工具表单	**酒水饮料快消品餐饮渠道营销手册** 朱伟杰　著	对餐饮渠道深入挖掘，建立适合餐饮渠道发展的服务模式和组织保障措施

续表

书名	内容	书名	内容
白酒营销的第一本书 唐江华　著	多角度阐释白酒一线市场操作的最新模式和方法	白酒经销商的第一本书 唐江华　著	对经销商如何选择厂家、合作、运营品牌等问题给出建议
白酒到底如何卖 赵海永　著	多角度阐释白酒一线市场操作的最新模式和方法	白酒到底如何卖2：从市场培育到动销 赵海永　著	系统化、标准化、模式化的促成动销的实战操作方式和方法
变局下的白酒企业重构 杨永华　著	白酒企业重构期的营销战略与实操策略6大方法	酒业转型大时代 微酒　著	酒水营销、新闻资讯及行业分析、预测的知识宝典
区域型白酒企业营销必胜法则 朱志明　著	以36条法则从战略、营销、推广、产品线、品牌、市场、战术等方面提供方法	10步成功运作白酒区域市场 朱志明　著	从市场攻守、产品攻略、新品上市、占领渠道、促销等十个层面阐述
白酒营销1：中小酒企操盘与崛起 徐伟　徐涛　著	深入分析品牌与行业、操作方法，提供营销实操宝典	白酒营销2：品类创新策略升级 黑格咨询　著	立足行业现状，建立品类创新、营销模式创新路径，提供市场建设方法、营销策略与工具案例
茶·调味品·油·乳业			
营销中国茶：2小时读懂茶叶营销 史贤龙　著	中国茶营销的"困局""破局"和"创举"	中国茶叶营销第一书 柏龑　著	纵览中国茶叶市场的全局，并且有针对性地提出问题并阐述解决方法
调味品营销第一书 陈小龙　著	15年监控中国市场50个中外著名调味品品牌市场运作、管理等的经验总结	调味品企业八大必胜法则 张戟　著	提炼了调味品企业八大规律性的关键成功要素
食用油营销的第一本书 余盛　著	从小包装油行业概述到产品的基本知识，从基本执行动作到品牌整体策划等	鲁花：一粒花生撬动的粮油帝国 余盛　著	鲁花如何成长为优秀的带动农业产业发展的品牌
金龙鱼背后的粮油帝国 余盛　著	以金龙鱼为脉的一部中国粮油行业的史诗	乳业营销的第一本书 侯军伟　著	区域型乳品企业如何才能稳健发展
调味品经销商公司化运营 张戟　著	调味品和快消品经销商如何从"个体户"到"公司化"，一步步推进的具体方法		
工业品			
一、工业品销售			
大客户销售这样说这样做 陆和平　著	大客户销售活动的十大模块，68个典型销售场景	销售是个专业活 陆和平　著	据客户采购流程拆分销售过程十阶段、讲解方法技巧
成为资深的销售经理：B2B工业品 陆和平　著	让销售经理成功把握销售管理6个关键点，并提供工具	一切为了订单：订单驱动下的工业品营销实践 唐道明　著	以订单流程的三个环节为主线讲述工业品营销管理新思路
订单是这样拿到的 郑文洲　著	作者近10年销售生涯的回顾，真实销售故事和成功经验分享		
二、工业品营销			
工业品营销管理实务（第4版） 李洪道　著	是信任导向工业品营销体系的深化版、工业品营销管理体系优化咨询的升级版	工业品企业如何做品牌 张东利　著	为当下中国制造的品牌化转型提供经过实践证明的理念、方法和体系

续表

书名	内容	书名	内容
工业品市场部实战全指导 杜忠　著	解决职能不清、市场部五大职能如何运作、职业发展路径等具体问题	**解决方案营销实战案例** 刘祖轲　著	十大工业品作者实操案例解码解决方案营销
资深大客户经理：策略准　执行狠 叶敦明　著	将大客户经理必须具备的规划、策略、执行三种能力运用自如	**渠道管理就这样做** 陆和平　著	渠道规划和设计、渠道成员选择和寻找、渠道谈判和签约、管理渠道日常活动、设计渠道激励政策、解决渠道冲突、渠道的评估和调整
三、工业品企业			
变局下的工业品企业7大机遇 叶敦明　著	探索工业品企业成长的新机会，7大战略与战术性机会	**两化融合管理体系贯标流程与方法** 戴勇　著	融合五十多家企业在两化融合贯标过程的经验，总结重点与举措
丁兴良讲工业4.0 丁兴良　著	多角度阐述中国在工业4.0的机遇和挑战		
建材家居			
一、建材家居门店			
家居建材促销与引流 薛亮　李永锋　著	对泛家居营销执行模式和工具、关键环节等进行汇总	**新零售动作分解与实操：建材·家居·家具** 盛斌子　著	对泛家居行业趋势、店面管理、团队管理、促销推广、五感营销等提供策略
家具行业操盘手 王献永　著	总结家具终端门店发展的现状及问题并给出策略	**手把手教你做专业督导** 熊亚柱　著	系统梳理督导的核心技能、岗位职责、工作流程及技能
手把手帮建材家居导购业绩倍增 熊亚柱　著	针对建材家居门店的业务人员、案例故事还原场景，教你成为好导购	**10步成为最棒的建材家居门店店长** 徐伟泽　著	梳理店长管理的核心工作职责、店面管理规范和帮助销售人员成长
建材家居门店销量提升 贾同领　著	9个板块讲述建材一个单店如何做到经营的良性循环	**建材家居门店6力爆破** 贾同领　著	产品力、导购力、形象力、推广力、服务力、组织力
二、建材家居经销商			
新经销：新零售时代教你做大商 黄润霖　著	探访近100位经销商在传统营销手法上的创新，传统营销微创新和新营销本地化	**建材家居经销商42章经** 王庆云　著	经营管理的心法和战法，帮助经销商成为“业务妙手”和“管理能手”
成为最赚钱的家具建材经销商 李治江　著	针对建材家居行业的经销商，从销售模式、产品、门店、市场等方面给出方法		
三、建材家居企业			
定制家居黄金十年 韩锋　翁长华　著	对中国定制家居行业20年发展历程进行深度、系统、专业的解读	**建材家居营销：除了促销还能做什么** 孙嘉晖　著	探索家居建材行业营销的革命，发现行业“营销天花板”的突破口
建材家居营销实务：新环境、新战法 程绍珊　杨鸿贵　著	针对建材家居市场特点提出以客户价值为基础的整体营销价值链	**全屋整装　高利润运营手册** 翁长华　陈平　著	十大维度解决实际问题，是0到1极具操作性的整装指南
零售·餐饮·服装·影院·美容院			
新零售进化路径 李政权　著	预先复盘新零售及商业的未来，找到方向	**新零售　新终端** 迪智成　著	梳理新零售系统打法并落地在新终端建设上

续表

书名	内容	书名	内容
移动互联下的超市升级 联商网　著	超市未来的发展趋势，对社区超市、生鲜、全渠道建设、O2O 等提出观点	**百货零售全渠道营销策略** 陈继展　著	零售行业的竞争重点、行业本质、战略转型、未来趋势、经验和案例
超市卖场定价策略与品类管理 IBMG 集团　著	零售企业的市场拓展与商品定位、商品结构与商品陈列、毛利分析与库存分析	**连锁零售企业招聘与培训破解之道** IBMG 集团　著	围绕零售企业组织架构、培训体系建设等内容进行探讨
总部有多强大，门店就能走多元 IBMG 集团　著	五大方向综合阐述连锁零售企业总部如何提升管理能力	**三四线城市超市如何快速成长：解密甘雨亭** IBMG 集团　著	甘雨亭的许多关键经营指标均高于行业标准，学习其成功的方法
中国首家未来超市：解密安徽乐城 IBMG 集团　著	对乐城超市的掌门人及内部员工的采访详细阐释了乐城的经验	**零售：把客流变成购买力** 丁昀　著	通过大量的实际案例对中国零售业态的升级转型之路提出思考
餐饮新营销 杨勇　程绍珊　著	聚焦餐饮企业转型，系统的餐饮企业营销管理体系	**电影院的下一个黄金十年** 李保煜　著	介绍了中国电影产业的运作模式及电影院的开发、设计思路
餐饮企业经营策略第一书 吴坚　著	阐述餐饮企业产品之道、市场之道、顾客之道及盈利之道	**赚不赚钱靠店长，从懂管理到会经营** 孙彩军　著	注重专卖店的经营思路拓展，门店管理细节方面能力提升
时装买手自学通 范敏娜　编著	从流行趋势调研、商品企划、采购渠道、数据管理到店铺销售等时装买手需要具备的能力与操盘技巧	**美容院/养生馆高盈利经营模式** 陈鹏飞　著	5 步实现店铺高盈利方法与策略
零售巨头数字化转型操盘笔记 江楠　著	一线操盘运营经理分享传统零售巨头的新零售到家业务全盘操作细节		
农牧业			
一、农资			
饲料营销有方法 陈石平　著	饲料营销的 7 大核心命题	**农资营销实战全指导** 张博　著	在农资市场行之有效的营销策略和工具
新农资如何弯道超车 刘祖轲　著	农业产业化、互联网转型、行业营销与经营突破		
二、农牧企业			
中国牧场管理实战 黄剑黎　著	对牧场管理标准、管理制度、操作规程做出剖析和指引	**中小农业企业品牌战法** 韩旭　著	农业企业需要全产业链视野，更需要品牌实战方法
变局下的农牧企业 9 大成长策略 彭志雄　著	为农牧企业量身打造了 9 个立足现在、展望未来的成长策略	**农产品营销实战第一书** 胡浪球　著	针对 33 个农产品营销的核心问题提供具体招数
农产品全网营销 吴之　著	帮助全国农业合作社、家庭农场打造农产品品牌		
地产·汽车			
一、地产			
中国城市群房地产投资策略 吕俊博　刘宏　著	挖掘主要城市群的现状特征、发展因子、演化趋势、竞争关系等，给出分析建议	**产业园区/产业地产：规划、招商、实战运营** 阎立忠　著	从认知、规划、招商、运营四方面系统解读产业园区的建设精要和运营技巧
人文商业地产策划 戴欣明　著	“全球化视野（创意）”+“人文+”思维	**产业园区/产业地产 2：系统化经营与操盘攻略** 阎立忠　著	全方位系统解析产业园区运营策略

续表

书名	内容	书名	内容
从零开始打造产业园区 刘晓君　著	全流程，系统化，注重细节，多角度教你打造产业园区		
二、汽车			
商用车经销商运营实战 杜建君　著	对商用车经销商的经营与管理、4S店运营做了全方面的系统总结	汽车配件这样卖 俞士耀　著	适合轮胎、机油、维修、快保、美容、洗车等汽车服务业态销售实操办法
润滑油销售：这样说，这样做更有效 张金荣　著	总结润滑油销售面对三大客户常遇到的200余个营销问题解决方法	润滑油品牌营销 张金荣　著	没有说教，只有方法，适合小微企业、代工品牌、经销商、营销人阅读
投资理财·收购资本			
交易心理分析 马克·道格拉斯 【美】　著	一语道破赢家的思考方式，并提供了具体的训练方法	财报背后的投资机会 蒋豹　著	零基础轻松掌握财务报表的相关知识，快速入门
写给企业家的公司与家庭财务规划 周荣辉　著	以企业的发展周期为主线，介绍各阶段企业与企业主家庭的财务规划	分股合心 段磊　周剑　著	围绕股权激励，详细介绍相关知识和实行方法
成功并购300问 浩德并购军师联盟　著	系统学习资本运作和企业并购知识的金融工具书	并购名著阅读指南 叶兴平　著	从全球5000多本并购图书中精选200本并进行评价
避开股权合伙这些坑 苏雯静　著	根据创始合伙人、外部合伙人、内部合伙人等方面的实际案例做归纳和梳理	产业并购操盘手 张军杰　著	15个案例，11个范本，38个图表，拿来即用
科创板IPO上市全流程指导 丁先云　刘海旭　著	不仅有各项制度的深入剖析，更有各种问题和解决方案的详细论述，配合案例，轻松操作	市值战略：上市公司市值管理有方法 和恒咨询　著	正确理解，系统规划、全面执行市值战略。从“势道法术力”五个维度思考和设计市值战略
左手企业经营　右手资本运作 周永信　著	“产业+资本”两手抓，融资、股权、公司控制……共同驱动企业利润、资产、市值、估值的成长		
阿米巴			
阿米巴经营的中国模式 李志华　著	基于阿米巴经典理念提出了适合中国本土的员工自主经营的“1532”模型	集团化企业阿米巴实战案例 初勇钢　著	作者在某酒厂推行阿米巴经营模式的心得
中国式阿米巴落地实践之激活组织 胡八一　著	划分原则、裂变与整合、组织管控、重新定位、巴长竞聘和组阁	中国式阿米巴落地实践之从交付到交易 胡八一　著	从6个方面阐述经营会计，从交付到交易是成功实施阿米巴的标志
中国式阿米巴落地实践之持续盈利 胡八一　著	企业做成平台、平台做成阿米巴、阿米巴做成合伙制		
人力资源管理			
一、绩效·薪酬			
回归本源看绩效 孙波　著	从目的和概念帮助企业梳理绩效管理与经营的关系	走出薪酬管理误区 全怀周　著	从7个常见的薪酬误区入手为企业提供一套系统解决方法
曹子祥教你做绩效管理 曹子祥　著	作者核心授课课程的还原，掌握绩效管理的核心内容	曹子祥教你做激励性薪酬设计 曹子祥　著	作者28年咨询经验总结，如何进行科学的薪酬体系设计
把招聘做到极致 远鸣　著	资深招聘经理多年工作心得的提炼	把招聘做到极致2：灰度招聘全攻略 黄渊明　李佳倩　著	从实战需求出发，兼容并包各种优秀的招聘理论、方法、经验与工具，并进行创新性的应用

续表

书名	内容	书名	内容
二、招聘·面试·培训			
书名	内容	书名	内容
把面试做到极致 孟广桥　著	一套实用的确定岗位招聘标准，提升面试官技能方法	**世界500强资深培训经理人教你做培训管理** 陈锐　著	构建培训体系、培训组织、培训文化、开发培训资源，教你做培训管理
把猎头做到极致 李佳倩　黄渊明　著	帮助猎头顾问从平庸走向优秀	**招聘面试：用提问得到真相** 陈硕　著	十二年资深HR招聘面试经验分享，教你学会如何提问
人才评价中心漫画版 邢雷　著	用漫画形式写成的人才测评专业书籍	**上市公司培训体系搭建** 初忠宝　著	上市公司培训经理分享体系搭建的框架和案例
三、HR高管·劳动法			
经营型HRD 黄渊明　著	总结企业HRD如何支撑企业经营，抓好七件关键事情	**人才供应链：实现高绩效均衡的人才管理模式** 许锋　著	打造人才供应链的四大支柱、十项修炼的完整体系
新任HR高管如何从0到1 新海　著	到互联网创业型企业担任HRVP，从0到1建立较完善的HR体系	**人力资源体系与e-HR信息化建设** 刘书生　陈莹　王美佳　著	6大框架、28个关注点、5大目标、6大优势、166个交付物咨询体系和盘托出
集团化人力资源管理实践 李小勇　著	针对集团型企业人力资源管理的问题提出科学建议	**我的人力资源管理笔记** 张伟　著	第三方咨询视角跳出“技术方法”看人力资源管理
人力资源的5分钟劳动法 李皓楠　著	入职管理、在职管理、离职管理中遇到的劳动法问题及应对	**海外人力资源管理：帮企业成功“走出去”** 黄渊明　著	弥补了中国企业海外人力资源管理实践体系建设的空白，具有开创性意义
从零开始学：胜任力模型建模与应用 林丽萍　著	手把手教你做胜任力建模，并通过大量的企业案例拆解介绍模型在各个方面的落地应用	**上市公司总经理助理工作笔记** 黄娜　著	40个案例，教你从小白助理到资深总助
用好任职资格体系 杨序国　著	以某企业为案例，系统地介绍了企业HR如何通过任职资格体系帮助员工成长	**胜任力模型咨询笔记** 韩文卿　著	吸取和总结了世界500强企业的胜任力模型搭建体系和方法
三支柱与业务型人力资源部建设 段凤鸣　著	从专业型HR走向业务型HR，有效提高HR在企业绩效中的贡献值		
四、HRBP			
HRBP是这样炼成的之菜鸟起飞 黄渊明　著	作者在初步转型HRBP两年时间里摸索实践的亲身经历与总结	**HRBP是这样炼成的之中级修炼** 黄渊明　著	结合作者亲身从事HRBP的工作经历，总结HRBP的作战故事
HRBP高级修炼 黄渊明　著	故事方式，HRD角度深度呈现运用HRBP的思维、方法		
		企业文化	
企业文化落地本土实践 王祥伍　著	华夏基石“知信行”模型描绘企业文化落地路线图	**企业文化的逻辑** 王祥伍　著	从文化起源深刻剖析文化、效率、企业、企业文化联系
企业文化定位·落地一本通 王明胤　著	企业文化理念传播和落地聚焦的17种方法，解读了近100个实战案例	**36个拿来就用的企业文化建设工具** 海融心胜　著	汇集整理了36个通用的企业文化实践工具
企业文化激活沟通 宋杼宸　安琪　著	系统阐述沟通与企业文化的关系，给予企业提升沟通效能的企业文化解决方案	**企业文化建设超级漫画版** 邢雷　著	用漫画形式写成的企业文化建设专业书籍，理论体系和29个具体的操作方法
在组织中绽放自我 朱仁建　著	个人与组织之间的关系，文化对组织化形成的影响	**用企业文化提升经营绩效** 彭剑锋　尚艳玲　主编	企业要想在竞争中利于不败之地，就不能没有能打胜仗的企业文化与领导力
企业文化建设与咨询工具　案例 尹宏亮　著	着眼难题，为企业“把脉”做诊断		
		流程管理	
营销·研发·供应链业务架构与流程管理 谭勋晖　著	营销、研发、供应链三大业务流程变革实践经验总结	**打造集成供应链** 王春强　著	第一用力在“集成”上，梳理内外部相关模块及其依赖关系